KB160788

배산서원培山書院

윤호진

1957년 경기도 남양주 출생. 국민대학교 한문학과 졸업, 한국정신문화연구원(현 한국학중앙연구원) 한국학대학원 석사과정 졸업(문학석사), 성균관대학교 대학원 한문학과 박사과정 졸업(문학박사). 경상대학교 한문학과 전임강사, 조교수, 부교수, 교수(1990~현), 중국 무한대학 방문학자(1996~1997), 영국 셰필드대학 방문교수(2001), 미국 애리조나 주립대학 방문학자(2009). 논문으로는 「仁齋의 繪畫와 이에 대한 조선초기 문인들의 題畫詩」, 「漢詩의 用事를 통해본 참사귐의 길 -管鮑之交와 참사귐의 양상을 중심으로-」 등 여러 편이 있고, 역저서로는 『詩話叢林』(공역), 『稗林』1-15(공역), 『輓詞와 祭文』(탐구당, 2015), 叢桂堂詩集(민속원, 2015) 등이 있다.

배산서원 培山書院

━━━

2017년 1월 3일 초판 인쇄
2017년 1월 10일 초판 발행

지 은 이 윤호진

발 행 인 한정희
발 행 처 경인문화사
총괄이사 김환기
편   집 김지선 나지은 박수진 문성연 유지혜
마 케 팅 김선규 하재일 유인순
출판번호 제10-18호(1973년 11월 8일)
주   소 경기도 파주시 회동길 445-1 경인빌딩 B동 4층
전   화 031-955-9300   팩   스 031-955-9310
홈페이지 www.kyunginp.co.kr
이 메 일 kyungin@kyunginp.co.kr

ISBN 978-89-499-4269-8 93910
값 9,000원

경상대학교 남명학연구소

남명학교양총서 29

배산서원 培山書院

윤호진 지음

景仁文化社

목 차

Ⅰ 머리말

배산서원은 경남 산청군 단성면에 있는 서원이다. 그리 크지도 않고 널리 알려진 서원도 아니다. 그 시작도 후손들이 자신들의 현조 두 분, 청향당 이원과 죽각 이광우를 모신 신안서원에서 비롯되었다. 그러나 이 서원은 오늘날 매우 중요하고 특이한 위치를 차지하고 있다. 신안서원은 건립한 지 얼마지나지 않아 임진란으로 소실되었다. 이에 외선조인 문익점(文益漸)을 모신 도천서원(道川書院)에 함께 모셨으나, 사액을 받으면서 함께 모시는 것이 미안하다고 하여, 출생지인 배양에 배산서원을 세웠다.

하지만 대원군 때 훼철을 당하였다. 이 때까지만 해도 배산서원은 후손들이 선조를 모시기 위해 애를 많은 쓰는 여느 서원과 별반 다른 점이 없다고 하겠다. 하지만, 1919에 강당이 준공되고, 1923년 문묘가 완공되어 공자의 유상을 모시면서 완성이 된 배산서당은, 이제까지의 모습과는 전혀 다른 것이었다. 집안의 현조를 모시던 곳에서 동방의 현인 퇴계와 남명까지 모셨을 뿐만 아니라, 더 나아가 공자까지 모심으로써 유교의 혁신을 주장하며 세운 공자교의 조선 본산으로 되었다.

따라서 신안서원에 대한 소개는 대원군 훼철을 겪기 전까지의 역사를 살피는 일도 중요하며, 아울러 공자교 본산이 되기까지의 과정을 살피는 것은 매우 중요하고 흥미로운 일이라 하겠다.

이 책은 남명학연구소에서 교양총서의 일환으로 경남의 서원을 소개하는 책자 가운데 하나로 마련되는 것이다. 일반인들의 교양을 위해 집필하는 것이기는 하지만, 서원에 관한 자료가 그리 많지 않아 어려움이 있다. 부족한 가운데, 『배양동(培養洞) 유래(由來)와 배산서당(培山書堂) 경기약사(經紀略史)』(李炳能編, 2001)가 있어 큰 도움이 되었다. 이에서 또 충분하지 않은 자료는 현지 답사와 후손들의 증언(안내책자의 내용 포함) 등을 토대로 살펴보기로 한다.

배산서원(培山書院)의 위치

1. 지리적 환경과 위치

지리산으로 가는 길목에 경남 산청군(山淸郡) 단성면(丹城面)이 있다. 단성은 단계현(丹溪縣)과 강성현(江城縣)을 합쳐 이루어진 현이다.

강성현은 신라의 궐지현(闕支縣)인데 경덕왕이 궐성군(闕城郡)으로 고쳤다. 고려시대에는 강성현이라 고쳤고 뒤에 군으로 승격시켰다. 1018년(현종 9) 진주(晉州)에 예속시켰다가 공양왕 때 감무(監務)를 두었다. 조선 정종 때 해중도(海中島)인 명진현(溟珍縣)이 왜군을 피하여 육지로 나와 진주 임내(任內)인 영선현(永善縣)에 피난생활을 한 관계로 강성현에 명진현을 합쳐 새로 진성현(珍城縣)을 편성하였다. 그러나 그 뒤 얼마 가지 않아 세종 때 명진현을 거제도로 보냈다.

단성의 적벽(이종필 기자)

단계현은 원래 신라의 적촌현(赤村縣)인데 경덕왕이 단
읍(丹邑)이라 개칭하여 궐성군의 영현(領縣)을 삼았고, 고
려시대에 단계라 고쳐 현종 때 합주 관할에 두었다가, 공
양왕 때 강성(江城)에 환속시켰다.

조선 세종 때 두 현의 이름에서 한자씩 따서 단성현을 만
들었다. 1599년(선조 32)산음(山陰)에 속하였다가 1613년(광
해군 5) 복구되어 치소를 강성으로 옮겼다. 그러나 1731년
(영조 7) 다시 내산(來山)으로 옮겼다. 1895년(고종 32) 23부
제 실시 때 진주부 관할의 단성군이 되었고, 이듬해 13도
제 실시 때 경상남도의 4등군이 되었으나, 1914년 행정구
역 개편 때 산청군에 병합되었다.[1]

이처럼 역사적으로 유래가 깊은 단성은 예로부터 산자
수명하고 인재가 많이 배출되는 선비의 고장으로 이름이
났다. 합천 이씨로 죽각의 13대손이면서 산청문화원장을
지낸 바 있는 이병능(李炳能) 선생의 기록에 따르면, 단성
의 지세와 인물의 배출에 대해 운창(雲窓) 이시분(李時馩)
은『운창지(雲窓誌)』라는 책에서 옛날 서진(西晉) 양국(梁國)
사람인 양천(楊泉)의『물리론(物理論)』을 인용하여[2] 일찍
이 다음과 같이 말한 바 있다고 하였다.

천지가 개벽하려는 기세(混淪之氣勢)가 개벽할 때 골이 되고
산이 되니 각각 그 모양 이름이 기세로 시종함이라, 구름 속
의 용과 거북의 모양을 하고(螭雲龜甲之形), 독수리가 잡으려
니 봉새가 나는 상을 하며(搏鷲騫鵬之象), 용이 날고 봉새가 춤

1)『한국민족문화대백과』, 한국학중앙연구원.
2)『배양동(培養洞) 유래(由來)와 배산서당(培山書堂) 경기약사(經紀
略史)』(李炳能 編, 2001), p. 2. 이병능 선생은 이 책에서 양천을 은
(殷)나라의 물리학자라 하였으나, 바로 잡아 서진 때의 양나라 사
람이라 밝혔다. 양천의『물리론』은 현재 전하지 않고 후대의 여러
책에 부분적인 내용이 전하는데, 위의 내용과 직접 관련된 것을
찾아보려 하였으나, 찾을 수 없었다. 다만『初學記』地理部『事類
賦』地部注에 "夫土地皆有形名, 而人莫察焉. 有龜龍體, 有麟鳳貌,
有弓弩勢, 有斗石象, 有張舒形, 有塞閉容, 有隱眞之安, 有累卵之危,
有菁英之利, 有塪坳之害, 此四形者, 氣勢之始終, 陰陽之所極也."라
는 내용이 전하는 것이 있다. 이시분의『운창지』도 참고하고자 하
였으나, 소재를 알 수 없고 이 책을 인용한 이병능 옹은 너무 연로
하여 이를 확인하는 일은 어렵다.

11
Ⅱ. 배산서원(培山書院)의 위치

추는 뜻을 하고(龍飛鳳舞之義), 큰 전서 그림의 몸체를 하니(篆籬繪畵之體), 그 이름이 류산(流山), 래산(來山), 둔철(屯鐵), 보암(寶巖), 집현산(集賢山)이고, 그 밖에 많은 바위와 골(千巖萬壑)에 안개와 구름이 퍼져(霞卷雲舒) 꾸불거리며 크게 방탕하니(透迤曠蕩), 신령스런 뱀이 떼의 형세 같고(靈蛇之陣勢), 뭇 산에서 흐르는 맑은 물의(衆壑之淨流水) 그 발원이 높은 산골에서 아래로 꾸불꾸불 돌아서 거칠게 들로 달리니 도랑이 되고 시내가 되어 임천(臨川)과 위천(渭川)으로 경호강(鏡湖工)이 되고, 안음(安陰)의 남계(藍溪)가 생초(生草) 용호(龍湖)에서 경호강에 합류하여 남쪽으로 흘러 백마(白馬) 적벽(赤壁)을 지나 엄혜산(嚴惠山)에 이르니 남강이요, 황매산(黃梅山) 집현산(集賢山)의 산골 물이 흘러 벽계(碧溪)와 검천(黔川)이 되어 오리(悟里)에서 합류하니 도천(道川)이라 서쪽으로 굽어 많은 물이 흐르며 읍을 하고 끌어안는 것 같이 깊숙이 시원하게 흘러 남강에 합류하니 한 구역의 형세가 대단히 뛰어나고 훌륭한 선비가 많이 배출하는지라 그 중에서도 마을을 이름함은 우연함이 아니다.[3]

이 내용을 보면 운창 이시분은 단성의 지리적 환경을 풍수적으로 매우 거창하게 설명하였다. 아마도 훌륭한

---

[3] 『배양동(培養洞) 유래(由來)와 배산서당(培山書堂) 경기약사(經紀略史)』(李炳能 編, 2001), p. 2.

선비가 많이 배출되는 까닭을 풍수지리적으로 설명하자고 하니 이런 결과를 낳은 것이 아닌가 생각된다.

단성면은 경호강을 사이에 두고 신안면과 마주하고 있다. 단성면 강누리(江樓里)에서 바라보는 산과 물이 어우러진 적벽의 경치는 절경이 아닐 수 없다. 강에서 들을 지나 조금 지리산 쪽으로 들어가면, 단성면 소재재인 성내리가 있고, 그 곁에 배양마을이 있는 사월리(沙月里)이다.

비록 이곳은 지리산 자락이기는 해도 경호강을 사이에 두고 제법 너르게 트여 있어 사람이 모여 살만하다. 그 앞에 삼우당(三憂堂) 문익점(文益漸) 선생이 목화씨를 중국에서 몰래 가져다가 최초로 심었다는 면화시배지가 있고, 바로 그 뒷마을이 배산서원(培山書院)이 있는 배양(培養)마을이다.

2. 배양(培養)마을과 합천 이씨

배양마을은 단성면 사월리의 한 자그마한 마을이다. 여기에 면화시배지도 있으며, 배산서원도 있다. 옛날에는 문익점이 태어나 자란 생가터도 이곳이고, 조선 중기 남명(南冥) 조식(曺植), 퇴계(退溪) 이황(李滉)과 삼경사동(三庚四同)의 우의를 다졌던 청향당(淸香堂) 이원(李源)의 생가터도 이곳이고, 남명이 「청향당팔영(淸香堂八詠)」이라는 시를 지은 현장이기도 하다. 그렇다면 배양마을은 어떠한 마을일까? 그 위치와 이름에 대해 알아보기로 한다.

이병능(李炳龍) 선생이 2001년에 편한 『배양동(培養洞) 유래(由來)와 배산서당(培山書堂) 경기약사(經紀略史)』라는 책에서는 배양마을에 대해서 다음과 같이 설명하고 있다.

> 배양은 지세가 뒷산인 단성의 진산 래산(來山)의 백호(白虎)가 동남으로 뻗으면서 봉이 날아 둥지에 돌아오는 모양을 하고 있고(飛鳳歸巢形), 마을 앞 구릉(丘陵)은 봉의 천룡(天龍)에서 남쪽의 두꺼비(獨山)를 보고 입을 벌리며 꾸불거리고(逶迤) 어정어정(蜿蟺) 가는 사두형(蛇頭形)이라는 초로행사설(草路行巳說)이 있다.[4] 그러므로 옛날에는 이 마을을 '뱀이'라 했다. 지금도 배양(培養)을 '뱀이'라고 하는 사람들이 많다. 배양이라 이름한 것은 삼우당(三憂堂) 문익점(文益漸) 선생의 처남 주경(周璟) 선생이 호를 배양재(培養齋)라 했다. 「행장」에서 보면 공은 평생 독실하게 스스로 몸을 닦는 일을 배양하고 배양으로 이름한 것은 모든 절의를 행함을 배양한 뜻이며 산과 마을 이름을 모두 그렇게 부르는 것은 또한 나를 미루어 하는 것이라 했다. 여기서 보면 배양이라 이름한 것은 이로부터라 할 수 있다.[5]

───────────

4) 원문에는 "사두형(蛇頭形)으로 초로행사설(草路行巳說)이다"라고 되어 있으나, 문맥이 통하지 않아 "사두형(蛇頭形)이라는 초로행사설(草路行巳說)이 있다."라고 고쳤다.
5) 『배양동(培養洞) 유래(由來)와 배산서당(培山書堂) 경기약사(經紀

위의 내용에 따르면, 배양은 풍수적으로 초로행사설 (草路行巳說)에 근거하여 '뱀이' 마을이라 했는데, 고려 말 그곳에 세거하던 상주 주씨 주세후(周世厚)의 아들 주경 (周璟)이 마을 이름을 배양이라 하고 호를 배양재(培養齋) 라 했다는 말이다. 이병능 선생은 또 다른 곳에서도 이 곳 '뱀이' 마을을 배양이라 이름한 것은 배양에 살던 상 주 주씨 가운데 효자로 이부상서를 지냈다는 주경이 '뱀 이(巳洞)'를 배양이라 이름한 것에서부터 연유한다고 하 였다.

그가 호를 배양재라 한 것에 대해서는 "자신이 독실하 게 수양함을 배양하고 모든 절의를 수행함도 배양하고 사는 곳의 산과 동리 이름을 배양이라 함은 그 또한 자 기를 미루어 배양으로 이름한 것이다."는 글이 지금토록 그분이 살던 배양마을 앞에 세워진 비문에 실려 있다고 한다.[6] 그러므로 뱀이 마을을 배양이라 이름한 것은 적 어도 고려말부터 시작되었다고 하겠다.

일반적으로 배양이라 하면 문익점 선생의 면화 사적과 관련된 것으로 알기 쉬우나, 풍수와 관련된 한글 이름이 있었고, 이것을 일찍이 고려말에 아화(雅化)하여 한자로 배양이라 지었음을 알 수 있다. 배양마을은 옛날 상주 주

略史)』(李炳能 編, 2001), p. 3.
6)『배양동(培養洞) 유래(由來)와 배산서당(培山書堂) 경기약사(經紀 略史)』(李炳能 編, 2001), p. 4.

배양마을 표지판

씨(尙州周氏)와 남평 문씨(南平文氏)가 살던 곳이다. 그 후 그곳에서 삼우당(三憂堂) 문익점(文益漸)이 태어났는데, 그는 목화를 들여옴으로써 나라에는 충신이요, 부모에게는 효자이며, 백성들에게는 태양과 같은 존재였다고 평가되고 있다. 이후 남평 문씨는 번창하였는데, 운창 이시분은 그 시대 이곳에 살았던 남평 문씨는 현달자가 20명(판서 2 제학2 학사2 헌납1 학유1 급제사3 군수4 감찰1 봉정1 진사3)이나 배출되었다고 한 바 있다.[7]

　이처럼 상주 주씨, 특히 고려 이후로는 남평 문씨의 터전인 배양마을에 합천 이씨가 이곳으로 옮겨 오게 된 것

---

7) 『배양동(培養洞) 유래(由來)와 배산서당(培山書堂) 경기약사(經紀略史)』(李炳能 編, 2001), p. 4.

면화시배지(한국민족문화대백과)

은 세종 년간에 이곳에 살던 남평 문씨 집안이 문가학역
모사건(文可學逆謀事件)으로 문씨가 모두 피난하여 은둔하
였기 때문이었다. 문씨들이 모두 숨어 버리자 문씨들의
가산과 유적을 관리할 사람이 없었다. 이에 문익점의 증
손서로 황해도 관찰사를 지낸 이계통(李季通)의 배위 숙
부인(淑夫人) 남평 문씨가 증조 삼우당 효자리 정려와 묘
지 등 유지를 관리하기 위하여 아들 승문(承文) 윤문 (胤
文)을 데리고 이곳 친정 배양으로 이사하면서부터이다.[8]

그로부터 배양마을은 합천 이씨의 세장지(世莊地)로 오
늘에 이르고 있다. 윤문은 후에 합천으로 이사하고, 큰아

---

8) 『배양마을 유래와 배산서당』 (배산서원 안내책자), p. 3.

들 승문은 6남1녀를 두었는데, 아들은 원(源)·청(淸)·잠(潛)·호(灝)·홍(泓)·숙(淑)이며, 딸은 허연(許連)에게 출가했다. 맏아들 원이 바로 청향당이고, 원의 아우 잠(潛)의 아들이 죽각(竹閣) 이광우(李光友)이다. 이래로 각지에 산재한 현존 후손은 약 2,000호에 7,000명을 헤아린다.[9]

---

9) 『배양동(培養洞) 유래(由來)와 배산서당(培山書堂) 경기약사(經紀略史)』(李炳能 編, 2001), pp. 4~5.

Ⅲ 배산서원(培山書院)의 역사(歷史)

1. 신안서원(新安書院)의 건립(建立)

배산서원(培山書院)의 건립은 1569년 청향당(淸香堂) 사후 19년만인 1588년 신안서원을 창건했던 때로 거슬러 올라 간다. 청향당의『연보(年譜)』주석에 의하면, "온 고을의 사림들이 의논하기를, 신안은 선생이 머무시고 의복과 신발을 묻은 곳이니, 시축(尸祝)의 봉사(奉祀)가 없을 수 없다고 하였다. 이에 일신당(日新堂) 이천경(李天慶), 송암(松巖) 이로(李魯), 영모(永慕) 정구(鄭構), 율헌(栗軒) 권세춘(權世春), 대하(大瑕) 김경근(金景謹), 용암(龍巖) 양흠(梁欽), 병은(病隱) 도경효(都敬孝) 등 열 어진 이가 합의하여 창설하였다."10)라고 하였다.

---

10) 최석기, 강정화 역,『淸香堂實紀』(술이, 2015), p. 48.

신안에 청향당을 위한 신안서원을 세웠는데, 그곳은 청향당이 머물던 곳이고, 묘소가 있는 곳이기 때문이라 하였다. 1588년 서원을 건립하기 시작하여 이듬해인 1589년 2월에 완성하였다. 『연보』의 1589년 조에는 "2월에 신안서원(新安書院)이 완성되어, 위판(位版)을 봉안(奉安)하였다."고 하고, 그 주에 "뒤에 임진왜란을 만나 훼손되고 무너져 남은 것이 없었다. 선생의 조카 죽각공(竹閣公)이 이를 위해 수리하려고 일을 시작하였으나 완성하지 못하였다."[11]라고 하였다.

그런데 이곳은 본래 도천서원이 있었던 곳으로 보인다. 도천서원(道川書院)은 1401년(태종 1)에 지방유림의 공의(公議)로 문익점(文益漸)의 학문과 덕행을 추모하기 위해 창건하여 위패를 모셨다가 1554년(명종 9)에 '도천(道川)'이라고 사액되어 사액서원으로 승격되었다. 그런데 1612(광해군 4)년에 중건하였다고 하는 것으로 보아, 1554년 이후 소실되었던 것으로 보인다. 신안서원은 이 중간인 1589년에 지어졌으니, 도천서원은 1589년 이전에 소실되었고, 그 자리에 신안서원이 세워졌던 것이다. 이 때 지어진 신안서원의 위치는 청향당 묘소가 있는 곳이라 하였으니, 지금의 도천서원 위치가 아니었던가 한다.

그러나 이러한 기록에 따르면, 청향당을 위한 신안서원

---

11) 최석기, 강정화 역, 『淸香堂實紀』(술이, 2015), p. 49.

은 1589년 완성된 뒤 4년 뒤인 1592년에 바로 임진왜란을 만나 훼손되었고, 그 뒤로 복원하지 못하였다. 그 대신에 1612년에 도천서원이 중건이 되었고, 그 뒤 1702년에 이르러서는 청향당의 외가 선조인 문익점을 모신 도천서원에 위패를 모셨다.

『연보』의 기록에 의하면, 숭정(崇禎) 기원후(紀元後) 임오년(1702) "도천서원에 위판을 봉안하였다."라고 하였고, 그 주에 "이 서원은 선생의 외선조 삼우당(三憂堂) 문선생(文先生)의 신주를 모신 곳이다. 이에 앞서 신안서원이 전쟁으로 인하여 훼손되었는데, 다시 수리하지 못하였다. 그러므로 이 때에 이르러 사림이 의논하기를, '청향당과 죽각 두 선생은 문선생에게 외손이 되고, 연원(淵源)의 물결이 서로 연접한데다 조손(祖孫)이 모두 아름다우니, 어찌 사문(斯文)의 아름다운 일이 아니겠는가?'라고 하였다. 이런 논의로 인해 이곳에 배향하게 되었다."[12]라고 한 것을 볼 수 있다.

---

12) 최석기, 강정화 역, 『淸香堂實紀』(술이, 2015), p. 49.

2. 배산서원(培山書院)의 건립(建立)

신안서원이 1592년 임진왜란 때 훼손된 뒤 110년의 세월이 지난 뒤에 신안서원에 모셨던 청향당과 죽각의 위패를 후손들이 문익점을 모신 도천서원에 1702년 봉안하였음은 위에서 살펴본 바와 같다. 그런데 도천서원에 1702년에 봉안한 지 85년이 지난 뒤인 1787년에 문익점을 모신 도천서원이 조정으로부터 사액을 받게 되자 청향당과 죽각을 그곳에서 더 이상 모시기가 어렵게 되었다. 이에 다시 청향향을 모실 서원을 세우게 되었는데, 이번에는 서원의 위치를 배산에다 정하였다.

『연보』의 1788년 조에 "다시 배산(培山)에 서원을 세웠다. 지난 정미년(1787)에 조정에서 도천서원에 사액을 내렸다. 도천서원은 문선생을 주향한 곳이다. 지금 이 성대한 상전(賞典)은 단지 문선생만을 주로 하는 것이니, 배향된 위패는 제향(祭享)하기가 미안하게 되었다. 이에 사림이 서원을 세워 나누어 봉안하자는 의논이 있었다."[13]라고 하였다. 그리고 1792년 조에서는 "서원이 완성되어 윤4월에 위판을 봉안하였다."라고 하고, 그 주에 "죽각과 함께 향사하였다. 사호(祠號)는 덕연(德淵)이다."[14]라고

---

13) 최석기, 강정화 역, 『淸香堂實紀』(술이, 2015), pp. 49~50.
14) 최석기, 강정화 역, 『淸香堂實紀』(술이, 2015), p. 50.

도천서원 전경

하였다.

『연보』에는 배산에 서원을 지었다고만 되어 있어 구체
적 위치를 알기 어려우나, 후손들의 증언에 의하면 이 때
지어진 서원의 위치는 지금의 배산서당과는 조금 떨어진
곳임을 알 수 있다. 지금의 배산서원에서 배양마을의 서
쪽 깊숙한 곳에 문익점 선생의 생가터가 있으며, 그 옆
에 청향당의 생가터가 있는데, 바로 생가가 있는 이곳에
서원을 세웠던 것이다. 배산서원은 이곳에 1788년에 지
어졌으나, 1871년 대원군의 서원철폐령(書院撤廢令)에 의
해 훼철되었다.

3. 배산서원 건립에 관한 기록

1) 「서원기(書院記)」

이상에서 배산서원이 건립된 과정과 배경에 대해 살펴
보았다. 그런데 배산서원이 있게 된 과정은 진성(眞城) 이
휘녕(李彙寧)이 찬한 「서원기(書院記)」에 다음과 같이 소상
히 밝혀져 있다.

단성의 현치(縣治)에서 10리 되는 곳에 배양이라는 산골 마을
이 있다. 바로 고려 강성군(江城君) 문공(文公)이 옛날 거처하
던 하던 곳이다. 산은 방장산(方丈山)에서 동쪽으로 구불구불
뻗어 내렸고, 물은 적벽에서부터 서쪽으로 넓게 꺾이어 질펀
하게 흐른다. 그런데 이곳에 이르러서는 손을 마주 잡고 읍
을 하는 것처럼 둘러싸 안고, 깊숙하면서도 넓게 트여서 한
구역의 형세를 이루었다. 예로부터 뛰어나고 호걸스런 선비
들이 이 가운데서 많이 나왔다. '배양(培養)'이라고 이름을 붙
인 것이 우연이 아니다.

오직 우리 청향당과 죽각 두 선생이 강성군의 외주(外冑)로
강성군의 옛 터를 지키며 덕을 감추고 벼슬하지 않았다. 연
을 심고 대를 기르며 호를 삼았다. 삼가 그 유적을 살펴보면
다음과 같다.

청향당은 평소 남명의 지우(知友)였고, 만년에는 또 계를 맺

었다. 퇴계와는 도의로 교제하여 출처의 대절을 헤아려 판단
했다. 죽각은 청향당의 조카로 일찍 산해(山海), 농운(隴雲) 사
이에서 노닐면서 학문을 하는 큰 방향에 대해서 들었다. 광
해군 때에 정치가 어지러운 때를 당하여, 선현을 모함하는
흉악한 상소를 준엄하게 배척하고, 기강을 무너뜨린 간사한
무리들을 맞아 꺾어 버렸으니, 높고 우뚝하게 수합한 것이
또 어떠한가?

오늘날까지 단성의 인사들은, 그 유풍(遺風)과 여열(餘烈)을
아직도 흠모하고 있다. 그러나 신안에 대충 세웠던 서숙(書
塾)은 불행하게도 임진왜란 때 무너졌다. 강성군이 특별히 봉
작을 받아 감히 도천서원에 그대로 배향할 수 없게 되었다.
이것이 배산서원을 이룬 까닭이다.

서원이 이루어진 뒤에 도천서원으로부터 두 선생을 옮겨 봉
안하였다. 그 사당은 '덕연(德淵)'이라 하였고 정당(正堂)은 '정
교(正敎)'라 하였고, 동서 양쪽 재실은 '정립재 (淨立齋)', '의수
재(猗修齋)'라 하였다.

이때는 영조 재위 신묘년(1771)이고, 이 일을 주관한 사람은
고을의 유생 권정구(權正九), 유문룡(柳汶龍)과 본손 이석팽(李
錫彭), 이항무(李恒茂)이다.

아아! 서원을 짓는 것이 어찌 한갓 선현을 제사지내는 것일
따름이겠는가! 또한 어진 선비를 배양하기 위한 것이다. 하
물며 이 서원은 '배양(培養)'이라고 불렀으니, 제군들은 이 이
름을 돌아보며 뜻을 생각해야 할 것이다. 글을 화려하게 짓

배산서원 서원기(이휘녕)

는 일에서 벗어나 이륜의 본원을 따지고, 이치를 궁구하여 힘써 행하며, 성정(性情)을 함양하고, 그 기미를 살펴 선(善)을 넓혀 악(惡)을 극복해야 할 것이다.

주부자(朱夫子)가 백록서원(白鹿書院)과 석고서원(石鼓書院)에서 제자들을 가르친 까닭이 지극하도다. 『소학』을 익혀 근본을 배양하고, 『대학』을 따라 규모를 세웠으며, 힘써 성경(誠敬)을 지녀 성인(聖人)의 경지에 이르기를 기약하였다. 순(舜)·우(禹)의 정일(精一)의 가르침을 흠모하고, 주공(周公)·공자(孔子)의 직방(直方) 공부를 체득하여, 이익과 작록(爵祿)을 물리쳐서 힘써 군자다운 선비가 되는 데에 힘썼다. 우리 선조께서 영봉서원(迎鳳書院)과 역동서원(易東書院)의 여러 생도들에게 보이신 것도 절실하도다. 하물며 두 선생이 평일에 강구한 것이 이러한 옛날의 도리에 지나지 않고, 우리가 배양하고 성취할 것도 이것에서 벗어나지 않는다. 그러므로 아울러 취하여 제군들을 위하여 읊조리니, 오히려 어찌 다른 데에서 구함을 기다리랴? 나와 제군들은 함께 힘써야 할 것이다.[15]

---

15) 이 번역은 최석기, 강정화 역, 『清香堂實紀』(술이, 2015), pp. 95~99.의 글을 참조하였다.

배산서원 터; 멀리 보이는 이층집 옆이 배산서원이 있던 자리이다.

　이휘녕은 여기에서 청향당과 죽각 두 사람을 모신 사실
과 세워진 건물과 그 이름을 알렸다. 그리고 이 일을 주
관한 사람을 밝혔다. 특히 서원의 이름을 배양이라 하였
으며, 그 뜻이 선비를 배양하기 위한 것이었음을 드러내
었다.

　이 글의 작자 이휘녕(李彙寧)은 조선 후기의 문신으로
1788년 출생하여 1861년에 졸하였다. 본관은 진성(眞城).
자는 군목(君睦). 호는 고계(古溪). 아버지는 승순(承淳)이
며, 어머니는 경주 최씨(慶州崔氏)이다. 종가의 지순(志淳)
에게 입양되어 이황(李滉)의 10세종손이 되었다. 순조 16년
(1816년) 그의 나이 29세로 진사시에 합격하여 순(純), 헌
(憲), 철(哲)의 삼조(三朝)를 차례로 섬겼다. 철종 2년(1851년)

동래부사를 거쳐 1853년 동부승지에 임명되었으나 사양하고 부임하지 않았으며, 1855년 돈녕부도정을 거쳐 오위도총부 부총관으로 임명되었으나 사직상소를 올리고 역시 부임하지 않았다. 관직에 있으면서 학문에도 주력하여 이황의 성리학에 전심하여 「십도집설(十圖集說)」을 지었고, 한편 「반경무도사(頒慶舞蹈辭)」라는 가사를 지었다. 저서로는 『고계집(古溪集)』 8권이 있다.[16]

2) 「배산서원 원우 개기문(培山書院院宇開基文)」

퇴계의 후손이 배산서원의 「서원기」를 쓰게 된 연유는 바로 그의 선조인 퇴계가 배산서원에 모셔진 청향당과 벗으로 지냈기 때문이었다. 배산서원이 건립된 당시에 지어진 글로는 이외에도 후손 이항무(李恒茂)가 쓴 「배산서원 원우 개기문(培山書院院宇開基文)」이 있는데, 여기에서도 배산서원의 건립과정이 밝혀져 있으며, 후손으로서의 감회가 드러나 있다.

하늘이 어진이를 낳는 것은,
대개 또한 운수가 있도다.
좋은 운(運)이 번갈아 일어나고,

---

16) 네이버고전문학사전, 2004. 2. 25.

덕이 모인 사람이 남은 우연이 아
니었다.

신령스럽고 준걸한 이를 돈독하게
내려,

실로 도학(道學)을 보위하였다.

바로 청향당(淸香堂)이라 부르고,

그리고 죽각(竹閣)이라 칭하네.

훌륭하도다. 백부와 조카여.

아름답도다, 가정이여.

가르치심이 이미 깊어졌고,

조예는 더욱 정밀해졌네.

효도와 우애를 실천하고,

성경을 독실히 공부하였네.

퇴계에게 인정을 받았고,

남명에게 장려를 받았도다.

덕과 이웃하여 외롭지 않고,

그윽한 향기 멀리 퍼졌네.

궁정(弓旌)이 여러 차례 달려왔으나,

종사(鍾馳)를 더러운 것처럼 여겼네.

뜻을 지키고 행함을 사모하였고,

힘은 비방하고 헐뜯은 데에서 꺾였네.

우리의 도가 추락하지 않으면,

간사한 무리들이 절로 두려워하리라.

이항무의 배산서원 원우 개기문

평생동안 교유한 사람들은,

당세의 홍유석학들이었다네.

도가 이택(麗澤)에서 드러났고,

덕은 천락(川洛)과 짝을 하였네.

은택은 길이 세상에 남아 있고,

예는 제사를 올리는 데에 합하였네.

사우를 비로소 지으니,

신안의 오른쪽에 있도다.

신령이 이곳에 의탁하고,

옷과 갓을 갈무리한다네.

이제 문과 담장을 세우니,

거의 제사를 받들 수 있겠도다.

첫 번째는 전쟁으로 불타 버렸고,

두 번째는 사액이 된 것에 얽매였네.

백년 동안 집에서 모시니,

여러 사람들 마음이 답답하였네.

이에 옮겨 창건할 것을 도모했으니,

배양리의 옛 언덕이었네.

즐겁도다! 저 언덕은,

군자의 집이 있는 곳이로다.

강성군의 옛 마을로,

은행나무 오래되고 단은 성글었네.

두류산의 으뜸가는 기운으로,

산은 맑고 물은 곱다네.

하늘이 지은 곳 이미 아름답고,

사람이 도모한 것이 진실로 화합하였네.

일을 시작하려 목공을 모음에,

감히 점을 쳐 좋은 날을 잡았도다.

깨끗한 희생과 맑은 술을 올림에,

날은 길하고 때는 좋도다.

신령에 저승으로 오르는 일,

며칠 지나지 않아 이루어지리.

글을 높이심에 힘입어서,

우리가 편안한 복을 누리게 하소서.

공경한 마음으로 아뢰니,

부디 흠향하시기 바라나이다.[17]

후손 이항무(李恒茂)는 위의 글에서 청향당과 죽각을 함께 모셨음을 분명히 드러내었고, 이 두 사람이 어떠한 인물인가를 드러내는 데에 힘을 기울였다. "궁정(弓旌)이 여러 차례 내려왔으나, 종사(鍾駟)를 더러운 것처럼 여겼다"고 했는데, 임금의 부름이 있었지만 벼슬하는 것은 탐탁하게 여기지 않았다는 뜻이다. 궁정은 옛날 사대부를 초

---

17) 이 번역은 역자의 허락을 얻어 최석기, 강정화 역, 『淸香堂實紀』
(술이, 2015), p. 83의 것을 참조하여 수정하였다.

빙할 때 쓰는 물건으로, 궁(弓)으로 사(士)를 부르고, 정(旌)으로 대부(大夫)를 불렀다. 종(鍾)은 녹봉을 헤아리는 단위이고, 사(駟)는 네 마리 말이 끄는 수레로 모두 부지와 영화를 상징한다. 또한 "덕은 천락(川洛)을 짝하였다"고 했는데, 이는 남명과 퇴계처럼 덕이 뛰어났음을 말한 것이다. 천(川)은 덕천(德川)을 말하는 것으로 남명을, 락(洛)은 낙동강을 말하는 것으로 퇴계를 가리킨다.

그리고 서원을 짓게된 과정과 위치 등에 대해서 간략히 설명하였다. 끝에는 서원을 건립할 때의 광경도 설명하였다. 끝에는 서원을 건립할 때의 광경도 설명하였다.

3) 「묘우상량문(廟宇上樑文)」

건물을 건립할 때, 그 일을 상세히 기록한 것으로는 성산(星山) 이여정(李如珵)이 쓴 「묘우상량문」이 있다.

시골 사당은 국학과 구별이 있어 조두(俎豆)를 나누어 진열하고, 공의(公議)는 도유(道儒)와 순전히 같다. 동우(棟宇)를 융성하게 짓는 길사를 거행함에 물품이 이미 성대하고, 의례 또한 넉넉하였다.

삼가 생각거대, 청향당과 죽각 두 선생의 훈도는 진실로 퇴계 남명 두 선생의 연원이다. 도산(陶山)의 돌을 자르고 다듬어 같은 나이 같은 도의 사귐을 허락받았고, 덕천(德川)의 물결에 함양하여 난숙난질(難叔難姪)이라고 장려를 받았다.

방당(方塘)의 연꽃은 염계선생(濂溪先生)의 맑은 향기를 이어 받았고, 작은 정자의 대나무는 도연명(陶淵明)의 높은 자취를 본받았다. 학업은 한 집에서 쌍으로 이루어지고, 도의는 백 년 동안 아울러 아름답다고 일컬어졌다.

요즘 삼우당의 사우에 사액이 내려지기 앞서, 이미 두 외손을 함께 향사하는 일이 있었다. 임금의 윤음(綸音)이 특별히 대궐에서 내려와, 서원의 이름이 화려한 문미(門楣)에 환히 걸리니, 예에 편안하지 않은 바가 있어 비록 같은 건물은 피했지만, 향사(享祀)는 끝내 그만둘 수 없으니 어찌 다른 사당이 없으랴? 점을 쳐 자리를 정하니, 어진 두 분이 태어나신 곳이다. 재목을 모으고 도목수에게 명하니, 10년 동안 책읽던 옛터이다. 백호와 청룡을 끼고 있고, 백마와 천마가 치달리는 듯하며, 닭을 업고 토끼를 안은 듯한 지세는, 세 가지 길함과 여섯 가지 빼어남이 주위를 둘러쌌다.

엄릉(嚴陵)이 낚시하던 강 언덕에서 주춧돌을 캐다가, 기러기가 나란히 날아가듯 벌여놓고, 문익점 공이 면화를 심은 밭에서 흙을 가져다 물고기 비늘모양으로 기와를 올렸네. 처마에는 제비가 와서 축하하고 재잘거리며, 뜰에는 점잖은 선비들이 달려와 많이 모였다. 일제히 모여드는 장수(藏修)하는 선들이 의지할 곳을 얻었고, 시를 외고 예를 강하는 사람들은 거처할 곳을 얻었다.

이는 진실로 문을 숭상하는 성대한 교화이니, 어진 이를 드

러내는 유풍 아닌 것이 없도다. 긴 들보를
드는 것을 돕기 위해, 짧은 초고를 엮어 완
성한다.

어엿차, 들보를 위로 던지니,
태극이 유행하여 사상(四象)을 벌였구나.
손에 선천(先天)을 쥐고서 묻고자 하지만,
책 가운데의 군자는 검은 장막에 의지해
있네.

배산서원 묘우상량문(이여정)

어엿차, 들보를 아래로 던지니,
푸르고 푸른 대나무 겨울·여름 변함이 없구나.
문채나는 군자여! 끝내 잊을 수 없으니,
훌륭한 가르침으로 누가 학자를 경계할까?

어엿차, 들보를 동쪽으로 던지니,
대나무 들창이 오늘 아침 해를 향해 붉구나.
어젯 밤에 봄 임금 가마를 탔었는데,
크게 화합할 원기(元氣)가 창룡(蒼龍)을 실었구나.

어엿차, 들보를 서쪽으로 던지니,
지리산이 구름위로 솟아 여러 산은 낮구나.

그 맥 흘러 내려 단성이 되니 영기가 웅장하여,

여러 어진 이들 배출되니 도가 서로 나란하였네.

어엿차, 들보를 남쪽으로 던지니,

이구산(尼丘山) 우뚝 하고 푸르기는 쪽빛같네.

벌여서서 모시는 여러 봉우리 제자가 되어,

삼삼오오 못에서 목욕하는 듯하네.

어엿차, 들보를 북쪽으로 던지니,

북두칠성 자루가 돌아 사방을 모았네.

물 한 줄기가 신안(新安)으로 도체(道體)를 흘려보내어,

웅덩이를 가득 채운 뒤 흐르며 멈춘 적이 없도다.

원하옵건대 상량(上樑)한 뒤에 인재가 점점 일어나고, 문예가

더욱 성취되길 바라나이다. 학사(學士)가 성함은 동쪽 제(齊)

나라의 직하(稷下)에 양보하지 않을 것이고, 군자가 많음은

모두 동쪽 노(魯)나라와 같을 것이다. [18]

이글에서 이여정은 서원에 모시게 된 청향당과 죽각의

학문적 연원을 밝히고, 이곳에 향사하게 된 까닭을 드러

---

18) 이 번역은 역자의 허락을 얻어 최석기, 강정화 역, 『淸香堂實紀』
(술이, 2015), pp. 86~90의 것을 참조하여 수정하였다.

내었다. 청향당과 죽각이 남명과 퇴계를 벗과 스승으로 섬겼으며, 이들을 모셨던 도천서원이 사액을 받게 되어 자리를 옮길 수 밖에 없었던 사정에 대해 이야기하였다.

작자 이여정(李如珽)은 1716년 출생하여 1793년 졸하였다. 자는 화옥(華玉)이고, 호는 채헌(債軒)이며, 본관은 성주이다. 경상남도 산청군 단성에 살았다.[19)

4) 봉안문(奉安文)

상량문에 이어 건물이 완공되자, 이곳에 두 분이 위패를 모실 때의 「봉안문(奉安文)」을 경담(鏡潭) 이수정(李守貞)이 지었다.

공손히 생각건대 선생은,
먼 시골에서 우뚝 태어나셨네.
계발(啓發)을 기다리지 않고,
분연히 일어나 학문에 뜻을 두었다.
몸소 행하여 실천하기를,
가까운 데로부터 먼 곳에까지 이르렀도다.
조처(措處)하지 않으며 안 되는 일은,
집으로 달려가듯이 하였네.

19) 최석기, 강정화 역, 『淸香堂實紀』(술이, 2015), p. 86.

훌륭하게 이름난 선비가 되어,

우리 동남쪽 사람들을 창도하였네.

금란(金蘭)의 사귐이 깊어,

네 가지가 같은 이는 오직 세 사람뿐이었네.

그윽한 꽃이 향기를 퍼뜨리듯,

언덕의 학이 우는 소리 하늘에 들리듯 했네.

조정에서 여러 번 초빙했으나,

산처럼 지키며 더욱 견고히 하였네.

마음에 맞는 일이 아니면 과감히 잊었으니,

좋아하는 것은 따로 있었네.

홀가분하게 스스로 즐겼으니,

종사(鍾駟)인들 어찌 뜻을 바꾸랴?

아아! 선생은,

도가 갖추어지고 덕이 온전하도다.

유풍이 멀리까지 미쳤으니,

백세토록 잊기 어렵도다.

또한 우리 죽각(竹閣) 선생은,

가르침을 가정에서 받았다네.

도 있는 사람에게 돌아가 의지하니,

옛날 어린 아이적부터라네.

경(敬)에 대한 공부가 깊고,

박문약례(博文約禮)에 조예가 높았도다.

효우는 순수하고 도타웠고,

이의(理義)는 밝고 분명하였네.

간사한 신하가 높은 자리 차지하고,

아간 짓을 하며 방자함을 부추기네.

종사(宗師)를 비방하고 헐뜯고 모함하며,

문묘에 종사(從祀)를 막고 저지하였네.

선생은 글을 보내어,

의에 근거하여 분명히 꾸짖었네.

방자하고 흉악한 의론이 일어나,

대비가 재액에 걸렸네.

마침내 절교를 단행하였으니,

두려워하거나 부끄러워하지 않았네.

이 서원을 세우는 일은,

백세가 지난 뒤에 있었네.

멀리 풍의(風義)를 거슬러 생각하니,

마치 하루쯤 떨어진 듯하네.

올바른 성품을 지니고 있다면,

누군들 몸을 굽혀 절하지 않으랴?

하물며 이 단성은,

조상 대대로 살던 곳이라.

남긴 향기가 사라지지 않고,

푸른 대나무 그대로 남아 있다네.

예는 제사지내기에 합당하니,

모두 갱장지모(羹墻之慕)를 담았다네.

이에 사우를 창건하니,

신안의 옛 언덕이라네.

왜구가 사정을 봐주지 않아,

묘우가 불에 타 버렸네.

저 도천서원을 따르하니,

제사가 이어져 끊어지진 않았네.

연원의 연접함이 있었으니,

조손(祖孫)이 아울러 아름답도다.

은혜로운 윤음이 특별히 내리니,

서원의 편액이 이에 걸렸도다.

예에 편치 않는 점이 있었지만,

향사(享祀)를 그만둘 수는 없었네.

여러 사람들의 마음이 답답하게 여겼고,

도를 논하는 말이 빈번히 이르렀네.

이에 거북이 점을 치고,

비로소 자재를 모았도다.

서원을 옮겨 지으니,

이 언덕에 두루 미쳤도다.

즐겁도다! 저 언덕이여,

군자가 살던 곳이로구나.

산은 배양리에 의지하고,

못에는 노닐던 자취 남았네.

단성군의 옛 마을에,

배산서원 봉안문(이수정)

39

은행나무는 오래되고 단은 쓸쓸하였네.

두류산의 원기가 흘러,

산은 맑고 물은 고왔네.

하늘이 이룩한 것 이미 아름다운데,

사람들의 도모함 또한 매우 훌륭하도다.

법도대로 지어서 낙성(落成)을 고하니,

묘우(廟宇)의 모습이 거듭 새로워졌네.

숭상하며 받들 곳이 있게 되니,

이에 향기로운 제물을 이에 올리네.

서직은 오로지 향긋하고,

동이와 술잔은 깨끗하도다.

수많은 선비들 급하게 달려오니,

누군들 삼가고 조심하지 않으랴?

신명이 밝게 이르러,

여기에서 오르내리시네.

밝은 빛으로 은혜를 베풀어,

우리들의 몽매함을 열어 주소서.

대대로 받들어 모실 것이니,

어찌 감히 공경하지 않으리.[20]

20) 이 번역은 역자의 허락을 얻어 최석기, 강정화 역, 『淸香堂實紀』
   (술이, 2015), pp. 91~93의 글을 참조하여 수정하였다.

서원이 완공되어 청향당과 죽각을 봉안하면서 두 분의 학문과 언행에 대해 칭송하고, 이들을 흠모하는 마음을 드러내어 밝혔다.

이수정(李守貞)은 1709년에 출생하여 1785년에 졸하였다. 자는 계고(季固)이고, 호는 경담(境潭)이며, 본관은 진보(珍寶)이다. 퇴계(退溪) 이황(李滉)의 6대손이다. 학행으로 천거받아 목릉참봉을 지냈고, 노인직으로 동지중추부사에 이르렀다. 청향당의 「묘갈명 병서」도 지은 바 있다.

그런데 배산서원은 문익점을 모신 도천서원이 1787년 사액을 받아 청향당을 모실 서원을 1788년에 새로 세웠다고 하고, 특히 『연보』의 1792년조에는 이 서원 건물이 완성되어 윤 4월에 위판을 봉안했다고 하였으나, 봉안문을 쓴 이수정은 1785년에 졸한 것으로 되어 있어 연대가 맞지 않은 점은 상고할 여지가 있다.

4. 배산서당(培山書堂)의 건립

경상남도 산청군 단성면 배양(培養) 마을에 있는 현재의 배산서당은 임란 때 소실되었던 신안서원, 도천서원에 잠시 얹혀 있다가 1778년 새로 지어 위패를 모셨으나 흥선대원군의 서원철폐령으로 고종 5년(1868)에 철거된 배산서원(培山書院)과는 다른 것이다.

배산서원 전경

　배산서원이 훼철된 뒤 합천 이씨의 대표적 인물인 진암(眞菴) 이병헌(李炳憲)이 배산서원과 조금 떨어진 현 위치에 배산서당을 건립했다. 이 일은 7년간에 걸친 긴 역사 끝에 1923년에 새로 완공이 되었다.

　배산서당은 기미년(1919)에 착공하여 5년에 걸쳐 계해년(1923) 8월 19일에 낙성식을 하면서 진암이 중국에서 모셔온 공자의 영정을 문묘에 봉안했다고[21] 하였다. 그러나 1919년에 강당을 완공하였기 때문에 착공은 그 이전에 이루어졌고, 1923년인 계해년에는 문묘의 낙성식이 있었다.

　따라서 서원이 완성되기까지 7년이 걸렸다는 후손들

---

21) 『배양마을 유래와 배산서당』(배산서원 안내책자), p. 10.

의 증언에 기초하여 이를 다시 정리하면, 1919년(기미) 강당이 완공되고, 1924년(계해) 문묘가 완공되었으므로, 1919년 강당이 완공되기 3년전인 1916년부터 일을 시작하여 1924년에 끝난 것으로 보인다.

이병헌은 유교(儒敎)를 복원(復元)하기 위하여 공자교를 제창하고, 공자교를 실현하기 위한 교회당으로 서당을 지었는데, 배산서당이 바로 그것이다. 당시 배산서당에는 문묘(文廟)를 비롯하여 도동사(道東祠)와 강당(講堂)이 지어졌다.

소재지는 경남 산청군 단성면 사월리이고, 완공연대는 1924년이며, 봉안된 사람은 문묘에 공자, 도동사에 문순공 퇴계 이황, 문정공 남명 조식, 청향당 이원, 죽각 이광우 등이다.

문묘는 앞면 3칸·옆면 1칸 반 규모로 공자의 영정을 모시고 있다. 도동사는 앞면 3칸·옆면 1칸 반 크기의 건물로 청향당 이원·퇴계 이황·남명·죽각 이광우 등의 위패를 모시고 있다.

강당은 앞면 4칸·옆면 2칸 규모로, 지붕은 옆면에서 볼 때 여덟 팔(八)자 모양인 팔작지붕으로 꾸몄다. 배산서당이란 현판은 중국 학자인 강유위가 쓴 것이고, 강당 안쪽에는 백범 김구·성재 이시영·우천 조완구·백암 박은식 선생의 배산서당 낙성축문 현판을 보관하고 있다.

5. 배산서당(培山書堂) 건립에 관한 기록

배산서당 건립에 관한 자료는 매우 많은 편이다. 이에 관한 자료는 『배양동(培養洞) 유래(由來)와 배산서당(培山書堂) 경기약사(經紀略史)』(李炳能 編, 2001)라는 책에 자세한 데, 여기에는 「배산서당수계첩(培山書堂修契帖)」「배산서당 경기사실약(培山書堂經紀事實略)」에 모두 수록되어 있다. 여기에는 중국 강유위(康有爲) 등의 인사와 연성공부(衍聖公府)와 주고받은 글, 도선서원, 선천재 등과 주고 받은 글, 퇴계후손, 남명후손 등과 주고받은 글 등 국내외적으로 배산서당에 공교를 유치하고 배산서당을 건립하는 과정에서 지어진 자료들이다. 이 가운데 대표적으로 다음 다섯 편만 가려뽑아 보기로 한다.

1)「배산서당기문(培山書堂記文)」

이 글은 공자 기원(紀元) 이천사백칠십사년(1923)에 진암(眞庵) 이병헌(李炳憲)이 강유위(康有爲)를 직접 방문하고 받아온 것이다. 공자교(孔子敎)의 필요성과 이 글을 써주게 된 동기에 대해 언급하였다.

조선이 단군(檀君)과 기자(箕子)의 후예가 되어 인사가 많이 나왔다. 공자의 경문을 외우며 선비의 옷을 입고 공자를 받

들어 국교를 삼은 지가 오래되었다. 장자(莊子)가 말하기를,
"공자의 도는 천지와 짝이 되고 신명을 근본으로 하며 만물
을 생육하여 육합을 통하고 사방을 열어서 본과 말이 정미하
고 굵은 것이 그 힘이 있지 않는 데가 없다."라고 하였다. 그
러므로 공자가 창교(創敎)의 성인이 되어 그 세상을 움직이던
대강의 자취가 『춘추』에 있어서는 태평(太平)과 승평(昇平)과
거란(據亂)으로 삼세의 다름이 있고, 『예운(禮運)』에 있어서는
소강과 대동의 차이가 있다. 칠십 제자와 후학에게 전하신
것은 금문의 육경이 있고, 육위(六緯)로 이것에 부응하게 했
다. 이 모두는 백성의 근심과 고뇌를 제거함으로써 공을 깊
게 한 것이 분명하다.

한나라 유흠(劉歆)이 고문의 여러 경전을 위작하면서부터 성
인의 정통을 어지럽게 하였는데, 진나라와 당나라가 이를 전

하니 비록 주자의 재주와 어짊으로 능히 그 폐단이 없을 수 없었다. 그러므로 주자가 가짜 『주례』를 참으로 주공(周公)이 저작했다고 믿어 그 말이 물을 담아도 새지 아니 한다고 예찬하였고, 「예운」의 대동을 노자의 학설로 의심하고, 『춘추』는 해석할 수 없다 하면서 곡공(穀公)과 동하(董何)의 말인 줄을 알지 못하였다. 이에 태평과 대동의 뜻이 단절되고 막혔다. 한갓 거란의 말만 남아 있으니 능히 구미의 민주사회의 뜻을 본받지 못하여 드디어 공자의 유교가 신식학문에게 의심을 받고 공격을 받는 대상이 되니 어찌 모순된 것이 아니겠는가?

대개 주자는 육경에서 얻지 못하고 다만 사서만 발명(發明)하였다. 그러나 발명한 것은 오히려 거란(據亂)의 말이라 겨우 공자의 일단만 밝혀서 한 모퉁이만을 할거하는 것을 편안히 여길 따름이다. 조선에 전래한 공자의 가름침은 실로 유흠이 가짜로 꾸민 경서이고 주자가 할거한 가르침을 거쳤으니, 공자 본교의 진짜가 아니다.

배산서당에서는 여러 사람들을 모아 대도(大道)가 위태하고 쇠미함을 슬퍼하고 인심이 떠나고 변함을 민망히 여겨, 이미 성인을 높이고 유교를 모시고 험함을 무릅쓰고 어려움을 범하며 죽음으로써 착한 도를 지킨다. 또 근본에 돌아오고 처음대로 회복하며 가짜를 분변하고 진짜를 구하여, 덧붙인 것을 소통하게 하고, 모욕을 막았다. 그리고 이군(李君) 병헌(炳憲)에게 명하여 바다를 건너 학문을 물어 진짜 경서를 구하여

서 대도를 넓히도록 하였다. 공교가 동방에서 이루어짐은 바로 배산서당에 있을 것이다. 이 서당은 오랜 이씨의 땅이니 이퇴계(李退溪) 선생과 조남명(曹南冥) 선생이 청향당(淸香堂) 이공(李公)을 여기로 찾아오고 이송당(李松堂)과 이죽각(李竹閣)이 쫓아 배웠다. 그러므로 단성과 진주의 여러 고을 인사들이 이 서당을 짓고 장차 사현을 향사하려고 한다.

이군(李君) 충호(忠鎬)[22]는 퇴계 선생의 후손인데, 자기 집의 어진 이를 사사로이 높이기보다는 공적으로 성인을 위하는 것만 같지 못하다고 생각했다. 그리고 다만 옛날 학문을 보존하는 것이 진경을 강구하는 것만 같지 못하였기 때문에 서당에 나아가서 문묘를 세워서 향사하였다. 궐리(闕里)에 와서 공자 화상을 구하여 받들어 돌아가고, 사당의 음악을 물었다. 장차 금문 제경의 말을 판각하여 강습하고 전파하려 하니 공교의 복원과 성인의 도가 빛나고 커지게 되었다. 동국의 인심과 풍속의 아름다움이 이에 있고 이에 있도다. 여러 군자가 이군 병헌을 보내서 글을 구한 지가 여러 해가 되었도다.

공자 기원 이천사백칠십사년 칠월 오일 강유위(康有爲)는 기록함.[23]

---

22) 이군(李君) 충호(忠鎬) : 퇴계의 13대손으로, 호는 하정(霞汀)이다.
23) 이 번역은 『배양동(培養洞) 유래(由來)와 배산서당(培山書堂) 경기약사(經紀略史)』(李炳能 編, 2001), pp. 115~118을 참조하였다.

강유위는 여기에서 공자의 후손인 이충호의 부탁으로 이 글을 이병헌에게 지어준다고 하였다. 이병헌이 공자교를 한국에 들여오고 배산서당을 짓는 과정에서 퇴계 후손들의 역할이 중대하였음을 보여주는 것이다.

이 글은 강유위의 문집에 보이지 않고, 다만 일부 내용이 『공자개제고(孔子改制考)』라는 저작의 서문에 보인다. 이 글에서 장자가 말한 것으로 인용된 "공자의 도는 천지와 짝이 되고 …… 없다."라는 것이 그것이다. 그런데 장자의 글이라 한 이것도 『장자』에 보이지 않는다. 『장자』 「천도(天道)」편에 "明于天通于聖, 之通回壁于帝王之德一者. 其自, 爰世. 昧然無不靜者笑."라는 말이 있다.

강유위(康有爲; 1858~1927)는 청나라 광동(廣東) 남해(南海) 사람. 처음 이름은 조이(祖詒)고, 자는 광하(廣夏)며, 호는 장소(長素) 또는 갱생(更生), 갱신(更牲)이다. 따로 서초산인(西樵山人) 또는 천유화인(天遊化人)이라 썼다. 광서(光緒) 21년(1895) 진사가 되었다. 이전인 14년(1888) 여러 차례 글을 올려 변법(變法)을 건의했다. 무술변법(戊戌變法)의 중심적 지도자였다. 전통적인 유교를 새로운 관점에서 보는 공양학(公羊學)을 배우고 널리 유럽의 근대사정도 익혔다. 그 무렵에 격렬해진 열강의 침략에 저항하기 위하여 일본의 명치유신(明治維新)을 본떠, 국회를 열고 헌법을 정하여 입헌군주제로 하는 정치적 개혁[변법자강(變法自彊)]의 필요성을 느꼈다.

고향에 사숙(私塾) 만목초당(萬木草堂)을 열고 양계초(梁啓超) 등을 교육하는 한편, 황제에게 상서(上書)하고, 북경(北京)과 상해(上海)에서 면학회(勉學會)를 조직하는 등 활동을 하기 시작했다. 24년(1898) 그의 '변법자강책(變法自彊策)'이 제사(帝師)인 옹동화(翁同龢)를 통해 광서제(光緒帝)에 받아들여져 무술변법이라 불리는 개혁을 지도하게 되었다. 과거(科擧)의 개정과 실업(實業)의 장려, 부정(不正)한 관리의 정리 등 그 내용은 시대의 조류에 알맞은 것이었지만 개혁의 추진력이 궁정 내의 일부에 한정되었고, 국민들과의 광범한 유대가 없었기 때문에 실효를 거두지 못했다.

'100일변법'이라 불리고 있듯이 불과 100일 뒤에 원세개(袁世凱)의 배반으로 개혁은 실패로 끝나고, 서태후(西太后) 등의 수구파(守舊派)가 모든 것을 원상대로 환원시키자 해외로 망명했다. 망명한 뒤 보황회(保皇會)를 설립해 의화단(義和團)의 난을 틈타 광서제(光緒帝)의 복위를 꾀하기도 했지만, 사상은 차차 쇠퇴하여 손문(孫文) 등의 혁명파에 의해 대체되었다. 저서에 『신학위경고(新學僞經考)』와 『공자개제고(孔子改制考)』, 『대동서(大同書)』 등이 있다.[25]

2) 「배산서원연기설(培山書院緣起說)」

이 글은 단군기원(檀君紀元) 4256년(1923) 『조선통사(朝鮮痛史)』의 저자 박은식(朴殷植)이 퇴계의 후손인 하정(霞汀) 이군(李君)[24]의 부탁을 받아 써준 것이다.

천지가 비록 오래되었으되 나는 것이 그치지 않고, 일월이 비록 오래되었으되 그 빛이 감소하지 않는 것은 날마다 새롭게 하며, 그만두지 않는 힘이 있기 때문이다. 공자가 시냇가에 서서 말씀하시기를, "가는 것이 이와 같아서, 주야로 쉬지 않는다."라고 하셨다. 순자(荀子)가 말하기를, "운전(運轉)하여 쉬지 아니하고, 천지가 은밀히 바뀌니, 만일 물이 막혀서 흐르지 않으면 썩고, 천지가 멈춰서 운전치 않으면 무너진다."라고 하였다. 사람이 도를 함에 능히 이 법도를 따르지 않고 어찌 삶을 얻을 것인가? 이러므로 세계의 각가지 종교는 신구 연혁(沿革)의 역사가 없는 것이 없으니 연혁함이 비록 사람이 하는 것 같으나 실상은 이치에 따라 자연스럽게 이루어지는 것이다.

이른바 신구도 또한 때를 따라서 이름을 얻으니, 과거의 새

---

24) 하정(霞汀) 이군(李君) : 퇴계의 13대손인 이충호(李忠鎬)를 말한다. 생년은 임신년(1872)이다. 그의 호가 하정(霞汀)이다. 자는 서경(恕卿)이고, 본관은 진성(眞城)이다. 경상도 예안(禮安) 상계(上溪)에 거주하였다. 벼슬은 참봉(參奉)이다.

것이 현재의 옛것이 되고 현재의 새 것이 장래의 옛것이 된
다. 그러므로 옛것이 반드시 변화하여 새 것이 됨이 영원히
불변하는 모습을 가진 것이 아닌 것은 새 것이 또 옛것으로
인해 나는 것이요, 본래 없는 가운데에서 돌연히 나타나는
것이 아니다. 도기 두루미가 금두루미가 되고 나무 수레가
옥수레가 되니, 사람으로써 하늘에 합함에 문화가 날마다 새
롭게 된다. 그러므로 도를 쓰는 것은 새것도 없고 옛것도 없
이 때에 맞게 할 뿐이다. 공자는 성인 가운데 때에 하는 것
뿐이니, 『주역』의 때를 따라 번역함과 「예운(禮運)」의 대동(大
同) 소강(小康)과 『춘추』의 삼세는 곧 천지와 더불어 마침과
시작을 하는 것이다.
한나라와 당나라의 경의(經義)와 송나라 원나라 명나라의 이

학(理學)과 청나라의 고증학(考證學)이 모두 일대의 특장을 뽐
내었다. 또한 시대에 따라서 폐단을 구원하는 사상으로써 그
옛것을 혁신하고 새것을 정립하는 색채를 드러내는 것을 살
필 수 있다. 금일에 이르러 온세계가 서로 통하여 문물을 교
환하고 사람들의 사상이 점점 대동세계로 나아감에 공자께
서 벌써 이 뜻을 계시한 것이 그 밝기가 해와 별과 같으니 이
것이 시대에 맞는 것이 아닌가?

우리나라가 동방에 위치하여 인문이 일찍 드러나 단군 때로
부터 벌써 예법과 음악의 근본을 열고 읍하고 사양하는 아름
다운 풍속과 부녀의 정조와 신조가 부여의 옛 역사에 갖추어
졌다. 소련(少連)과 대련(大連)은 효도로써 공자에게 칭송되었
으니 더욱 우리 민족의 특성을 대표한다. 이어서 삼국시대에
이르러 선비의 종통이 있어 천수백년 이래로 여러 선비가 배
출하여 훈도함이 날로 성하여 예의의 찬란함과 윤기의 가지
런함은 실상으로 다른 나라에 없는 것이니, 공을 마땅히 유
림에게 돌려야 하리라. 그러나 그 역사가 오래 되어 점점 진
부하게 되니, 선비의 습관이 고루하고 인재가 쇠침하여 세계
의 지식을 연구하지 아니하고 다만 전인의 찌꺼기만 지켜 당
시의 쓰임에 맞지 않는다. 그리하여 오늘날 유학의 옛것을
고치고 새것을 정할 것이 하늘 때와 사람의 일에 속하게 되
었다. 그렇지 않다면 유도를 보존하지 못할 것이고 백성을
구원하지 못할 것이다.

하정(霞汀) 이군(李君)이 퇴계선생(退溪先生)의 주손(胄孫)으로

이것에 대해 개탄하며 배산서원을 창립할 것을 의논하였다. 장차 『주역』과 『예기』와 『춘추』의 대의로써 날마다 새롭게 하여 쉬지 않는 공에 이르고자 하였다. 어진 일꾼이 무진 애를 써서 그 어려운 일을 맡는다고 하겠으니, 다행히 우리 당의 선비들이 함께 이해하고 서로 힘을 쓸 사람이 있게 되었다. 기원 사천이백오십육년(1923) 백암(白巖) 밀양(密陽) 박은식(朴殷植) 삼가 씀.[25]

이 글에서 박은식은 공자교가 신구의 순환에 따라 필연적임을 역설하고, 아울러 이 글을 쓰게 된 동기에 대해 말했다.

박은식(朴殷植: 1859. 9. 30 ~ 1925. 11. 1)은 1859년 9월 30일 황해도 황주(黃州)에서 출생하였다. 본관은 밀양(密陽)이며, 자는 성칠(聖七), 호 겸곡(謙谷)·백암(白巖)·태백광노(太白狂奴)이다. 10세 이후 부친에게서 한학을 배웠고, 관서지방을 여행하며 주자학 연마에 심혈을 기울여 일찍부터 문명(文名)을 날렸다. 학문적 계보는 분명하지 않으나 일찍부터 신기영(申耆永)·정관섭(丁觀燮) 같은 정약용(丁若鏞)의 문인들과도 접촉하면서 그의 실학사상을 체득하였다. 26세를 전후하여서는 박문일(朴文一)·박문오(朴文

---

25) 이 번역은 『배양동(培養洞) 유래(由來)와 배산서당(培山書堂) 경기약사(經紀略史)』(李炳能 編, 2001), pp. 98~100을 참조하였다.

五) 형제에게서 주자학을 본격적으로 사사하였다.

1898년 9월 장지연이 창간한 『황성신문』의 주필로 민중계몽에 나섰고, 만민공동회와 더불어 반봉건·반침략 투쟁을 벌이던 독립협회에도 가입하였다. 또한 성균관의 후신인 경학원 강사와 한성사범학교 교관을 지내면서 교육개혁에 관한 글을 집필하여, 1904년 『학규신론(學規新論)』을 간행하는 한편, 서우학회(西友學會)를 발기하고 1908년 그 후신인 서북학회의 회장직을 맡기도 하였으며, 기관지 『서우』, 『서북학회월보』의 주필로 활동하였다. 이러한 교육 학회 활동뿐만 아니라 『황성신문』이 복간되자 자리를 옮겨 10년 폐간될 때까지 일제의 침략상을 고발하는 언론활동을 계속했다.

그는 1909년 『유교구신론(儒敎求新論)』을 발표하여 유교개혁을 주장하였는데 유교가 발전하지 못하는 이유는 유교의 정신이 제왕에 맞추어져 있고 일반 인민사회에 보급하는 정신이 부족하다고 지적하였다. 그리고 교화에 소극적이어서 대중화에 노력하지 않는 점을 지적하였다. 그리고 주자학으로는 지금의 현실에 적합하지 않기 때문에 양명학을 받아들여야 한다고 하였다. 장지연 등과 양명학을 기초로하는 대동교(大同敎)를 창건하여 종교부장으로 활동하면서 유교계를 친일화하려는 일제의 공작에 대항하였다. 그는 민족의 대동 단합과 단결을 강조하며 민족적 통일을 가장 중요한 이념이라고 생각했다. 이러한 민중계몽·교육·언론 활동도 1910년 국권피탈과 더불어 일단 막을 내리고, 1911년 가을 만주 위안런현[桓仁縣]으로 망명하면서 나라 밖에서 구국독립운동의 새로운 전기를 마련하였다.

그러한 노력은 나라 잃은 슬픔을 국사연구를 통하여 승화시키려는 노력으로 나타났다. 『동명성왕실기(東明聖王實記)』, 『발해태조건국지(渤海太祖建國誌)』 등은 그러한 노력의 결과였다. 1912년 상하이에 도착한 그는 신규식(申圭植) 등과 함께 독립운동 단체인 동제사(同濟社)를 조직했고, 상하이에 박달(博達)학원을 세워 교포자제를 교육했다. 1914년 잠시 홍콩에 머물다 다시 상하이로 돌아와 『국시일보(國是日報)』의 주간이 되었는데, 이때 『안중근전』과 『한국통사(韓國痛史)』를 지었다.

1915년 상하이에서 이상설·신규식과 함께 신한혁명당을 조직하고 이 당의 취지서와 규칙을 작성, 감독으로 선임되었고, 또한 신규식과 함께 대동보국단(大同輔國團)을 조직하여 단장이 되었다. 1918년에는 러시아에서 한인교포 잡지 『한족공보(韓族公報)』 발행에 관여하던 중 1919년 블라디보스토크에서 3·1운동을 맞이하였다. 이에 그는 독립에 대한 확신을 갖고 『한국독립운동지혈사』를 저술하기 시작, 이듬해 이를 간행하였다.

그는 그의 독립활동과 많은 저술들을 통해 독립정신을 함양하고 민족해방운동의 정신적 지주를 유지하려면 무엇보다도 주체적인 역사서술과 교육이 필요하다고 생각하였다. 그는 비록 정신주의적·관념적 역사관에 머물긴 했지만 역사 연구와 서술을 민족해방운동의 한 방법으로 생각하였다. 1962년 건국훈장 대통령장이 추서되었다.[26]

3) 「배산서당상량문(培山書堂上樑文)」

이 글은 권도용(權道溶)이 1919년 배산서당(강당)이 완공되자 상량하면서 지은 것이다.

기술하건대 떳떳한 성품이 마음에 내리니 선철이 상고(上古)의 성신(聖神)을 잇고 예악(禮樂)이 동방에 돌아오니 큰 선비가 중원의 문헌을 얻었다. 도가 멀지 아니하니 그 행할 바를 행하고 그 말할 바를 말하며, 글이 이에 있는지라 뜻할 바를 뜻하고 배울 바를 배우도다. 대개 이미 고금의 다름이 없으니 어찌 현우(賢愚)의 차이가 있으리오. 요임금은 어떠한 사람이며 순임금은 어떠한 사람인가. 동류에 매이지 아니하였다. 노나라가 한 번 변하고 제나라가 한 번 변함은 또한 도를 전하는 데에 있도다. 도통(道統)의 전함이 이에 백이와 숙제에 미치고 연원의 성한 것은 또한 전경(前庚)과 후경(後庚)에서 일컬었도다.

---

26) [네이버 지식백과] 박은식 [朴殷植] (두산백과).

엎드려 생각하건대 지성선사(至聖先師)가 육경을 말씀하니 유래로 현성(賢聖)이라 칭호하지만, 만세에 땅이 없으므로 소왕(素王)이라 이른다. 복희씨가 팔괘를 그려 문왕과 주공에게 전하니 신으로써 교화를 베풀고 『춘추』가 공양(公羊)과 곡량(穀梁)에게서 기술되니 거란을 드러내고 태평을 이루었다. 비록 대동(大同)과 소강(小康)에는 미치지 못하지만, 육통(六通)과 사벽(四闢)에 있지 않음이 없도다. 도덕의 원류는 일찍 용문(龍門)의 역사에 기록되었고 신명의 사업은 익주(益州)의 비석에 갖추어져 실렸다. 오직 하늘을 본받는 미묘한 말씀이라 어두워서 드러나지 아니하고, 인하여 세상에 맞는 대의를 회복하였으나 답답하게 펴지 못하였다. 학사들이 전수하는 종통(宗統)이 없으니 성경(聖經)은 두찬되고 어지럽혀진 폐단이 많았다.

광천(廣川)의 구의(口義)는 무(珷)와 옥을 분간하기 어렵고, 제남(濟南)의 수서(手書)는 훈초(薰草)와 유초(蕕草)를 같이 저장했다. 군주에게 시호를 얻는 것이 비록 한(漢)나라에 시작되었으나 경사에 사당을 세운 것은 겨우 원위(元魏)의 시대부터였다. 당나라에 이르러서 제사를 존봉했고 화정(華廷)에 미쳐서 하늘에 배향했다. 원기의 겸전한 재주를 받았으니 도가 진실로 높았고, 생민 이외에도 미유한 성인으로서도 빈궁한 것이 또한 지극했다. 수레를 타고 주유하던 평생에 몇 번이나 우임금의 강역에서 휴식하였으며 뗏목을 타려던 당일에 기자가 봉해진 곳의 누추한 것을 변화시키고자 하였다. 땅에 한 모퉁이에 막혔으되 오히려 과존(過存)하는 교화가 미쳤고, 도가 천년동안 상실되었으나 어찌 흥기하는 호걸이 없으리요?

나라 운수는 여러 번 해동에 흡족했고, 사람과 글은 마침 영남에 흥성했다. 이에 푸른 병풍같은 도산(陶山)은 높고, 은하수(銀河) 같은 덕수(德水)는 드넓었다. 구름이 날아가고 새가 지나가는 것은 하늘의 기틀이 소당의 음영에 드러난 것이고 봄이 깊고 꽃이 떨어지는 것은 표일한 흥취가 옛날 대의 편에 넘치는 것이다. 「천명도(天命圖)」를 이루어 조화의 비밀을 드러냈고 「신사명(神舍銘)」을 마치어 사람과 귀신의 관문을 열어보였다. 백수에 고반(考槃)하여 시험하여 비로소 은둔한 취미를 이루었고 단심을 잡아 세상을 소생하게 하였고, 또한 경제의 재주를 안고 있었다. 드러나고 숨는 것이 부절을 합하는 것 같았고, 나가고 거처하는 것이 대개 두 가지 도가 없었다.

가만히 생각하건대 배산(培山)은 옛날 퇴계와 남명 두 부자가 장구(杖屨)하던 구역이요, 실상으로 청향 죽각 양선생의 과축(過軸)의 땅이었다. 나이와 덕을 기울여 자랑하니 가장 우도의 융심함을 맺었고, 장구를 질의하니 여러 번 사문의 탄상을 일으켰다. 천고 해국(海國)의 소리와 이름이 화이에 혁혁했고, 백 리 강성(江城)의 문화가 산야에 빈빈했다. 대개 모범을 오래 경앙을 하고자 하는 것이 무엇인들 서당이 있어 의귀함이 있는 것과 같으리오. 정신이 이미 섶을 전했으니 여러 꾀가 진실로 화협함을 보겠고, 정성이 가히 쇠를 꿰니 뜻이 있으면

배산서당 상량기문

마침내 성사하는 것을 징험하겠도다. 쇠잔한 자손이 열 집의
마을에 불과하니, 가난한 호수 모두 한 달의 부역을 도왔도
다. 마음 속으로 경영함에 도사(圖事)가 서로 동인(同人)에 힘
썼고 눈앞에 돌올함에 동우(棟宇)가 장관을 이루었다. 주안(主
眼)은 오로지 문묘(文廟)에 있고 의위(儀衛)는 이에 현사(賢祠)에
갖추어졌다. 봉안하는 절문(節文)은 연성부(衍聖府)로부터 마련
했고, 배향하는 위차(位次)는 용봉서원(龍鳳書院)의 규정을 따
라했다. 변과 두와 준과 조의 분배는 질서가 정연하고, 갓과
띠와 도포와 홀은 추진이 엄숙했다. 심상한 큰 집이 아니요
실상으로 예전에 없는 독창적인 건물이 되었다. 잠시 뛰어난
솜씨를 멈추고 파유(巴歈)의 노래를 부르리라.

들보를 동쪽으로 던지자니,
대명(大明)이 아침에 나와서 군몽(群蒙)을 열어주도다.

이윽고 들보를 꿈에 본 것이 언제인가를 아니,
선천의 대동세계를 말하여 주도다.

들보를 남쪽으로 던지자니,
밝은 곳을 향한 정치를 듣는 것이 진실로 부끄러움이 없도다.
누군가 알았으랴? 일부 양추(陽秋)의 대의(大義)가,
공과 덕화가 넉넉하여 만물을 함양하는 것을.

들보를 서쪽으로 던지자니,
신비한 방장산(方丈山)이 하늘의 반에 나직하네.
당년에 태산에 오른 뒤를 상상해보니,
온 세상 눈에 차지 않고 길은 많이 어지럽네.

들보를 북쪽으로 던지자니,
철목(鐵木)의 바람과 티끌에 구주(九州)가 캄캄하네.
마침내 일평생 바다에 뜨는 뜻을 이루니,
정령이 번쩍이며 조선에 오시도다.

들보를 위쪽으로 던지자니,
중천이 탁 트이니 마음도 넓어지네.
농운정과 산해정이 생이지지에 가까우니,
성인을 바래던 여러 해 수고롭게 지냈네.

들보를 아래쪽으로 던지자니,

문수(汶水)가 돌고돌아 흘러서 쉬지 않네.

한줄기 참근원을 어찌 가히 속일건가?

때때로 바람 쐬고 시 읊으니 마음 뜻이 맑아지네.

원하건대 상량한 뒤에 운물(雲物)이 빛이 나고 천석(泉石)이 별다르니, 진실로 광로(廣魯)로부터 동방의 교화가 서방으로 배여들어감을 알 것이요, 장차 소화(小華)에서 말미암아 중화 사람이 오랑캐 때문에 변화하는 것을 보겠도다. 비유하자면, 물이 땅에 있는 것과 같다. 높은 귀신이 도처마다 있는 것을 들었고, 해가 중천에 걸려있는 것과 같은 것은 가히 우리 도가 회복을 하겠도다. 참된 경과 참된 이치는 이에 예전이 옳고 지금이 그른 것을 볼 것이며 같은 글과 같은 윤기는 다시 저 나라와 이 나라의 구별이 없도다.[29]

이 글에서 권도용은 공자교가 신구의 순환에 따라 필연적임을 역설하고, 아울러 이 글을 쓰게 된 동기에 대해 말했다.

권도용(權道溶)은 조선 말기의 학자로 그의 호는 추범이다. 그의 저작을 모아 『추범문집』이라 하였는데, 생전에 원집 20권 10책, 속집 16권 8책, 별집 2권 1책, 외집

---

27) 이 번역은 『배양동(培養洞) 유래(由來)와 배산서당(培山書堂) 경기약사(經紀略史)』(李炳能 編, 2001), pp. 144~148을 참조하였다.

4권 2책으로 탈고했던 것을 김명석(金明錫)이 작품의 내용과 체재에 따라 포괄적으로 구분하여 초간(鈔刊)한 원집 가운데 일부가 전해진 것으로 추정된다. 권두에 저자의 자서가 있다.

시에는 송준필(宋浚弼)에게 성리학의 주리설(主理說)을 주제로 지어 보낸 「논심주리시송공산(論心主理示宋恭山)」, 우리나라와 중국의 사서를 읽으면서 역사적인 사실을 읊은 「영사오수(詠史五首)」·「독동사육수(讀東史六首)」, 작자의 웅대한 포부와 기상이 역력히 나타난 「대락가(大樂歌)」「동이이부(同而異賦)」·「주관부(周官賦)」, 우리나라의 역사적 인물을 주제로 웅장한 어조로 읊은 「여중요순가(女中堯舜歌)」·「서내원(西內怨)」 등이 있다.

잠은 저자의 정신 세계를 표출한 것으로 「징분질욕잠(懲忿窒慾箴)」·「경타잠(警惰箴)」·「삼잠(三箴)」 등이 있다. 찬은 당나라의 거유(巨儒) 한유(韓愈)의 사위이자 고제(高弟)인 이고(李翶), 우리나라 단종 때의 왕자 근녕군(謹寧君)과 인조 때의 명신 정온(鄭蘊) 등에 관한 것이다.

서(書)는 박은식(朴殷植)·하재구(河在九)·유원중(柳遠重)·송순좌(宋舜佐)·이병헌(李炳憲)·하겸진(河謙鎭) 등과 비서각(祕書閣)의 장서에 대해 상의하거나 심학(心學)에 관해 토론한 내용, 또는 양명학에 관해 논설한 내용들이다. 당대의 명사들과 역사를 논한 글이 있어 저자의 역사의식을 살필 수 있다. 중국 상해(上海)의 공교학원에 보낸 「답공교학원제공서(答孔敎學院諸公書)」에는 전통 음악이 말살되어감을 개탄하는 내용이 담겨 있다. 「서신편오경금문고후(書新編五經今文考後)」는 미래를 예측하기 위해서는 경학이 발달해야 하며, 과거를 올바로 인식하기 위해서는 사학의 발달이 필요하다는 논지를 제시한 글이다.

잡저에는 학문을 연마하는 방법과 유학의 전통 계승에 대한 요체를 설명한 「행와사의(行窩私議)」·「대성경제요(大成經提要)」·「제양설(制養說)」, 서양의 천문학에 대한 연구 결과를 적은 「논서철중설(論西哲中說)」, 우리나라의 역사에 관해 서술한 「대동사문고총서(大東史文考總敍)」·「신라삼성상계론(新羅三姓相繼論)」·「정론(政論)」·「한조오백년대사표(韓朝五百年大事表)」 등의 저술이 다수 수록되어 있다.[28]

4) 「문묘상량문(文廟上樑文)」

이 글은 배산서당의 건립을 주도한 진암 이병헌이 1923년 배산서당의 문묘가 완공되어 상량하면서 지은 것이다.

백성의 삶이 고통스럽다가 소생하고자 하면, 정의와 인도가

---

28) 추범문원원집 [秋帆文苑原集] (한국민족문화대백과, 한국학중앙연구원).

병증에 대한 좋은 약제가 된다. 천운이 순환하기를 좋아하며 쉬지 않으니 소강과 대동이 때를 따라 순서를 짓는다. 옛것을 당겨서 지금 일을 증거하니 서구로부터 동아로 가는도다. 그 마음은 내게 있어 크게 어질고 이 이치는 하늘을 다하여 추락하지 않도다.

엎드려 생각하건대 우리 지성선사가 덕은 육합에 합하고 뜻은 삼중에 있도다. 신으로써 가르침을 베푸심에 미묘한 말을 복희씨가 그린 팔괘에 부치고, 거란과 치평을 이루시니 대의를 『춘추』에서 드러내어 밝히셨도다. 정성을 다하여 구하면 밝기가 돋아오는 해와 같고, 힘을 다하여 쫓으면 바라볼수록 더욱 높고 뒤에 있는가 하면 문득 앞에 있도다. 『중용』의 하늘에 짝하는 뜻은 진실로 조덕을 밝히고 아성이 백성을 중하게 여기는 훈계는 곧 지극한 의논에 얻었도다. 금일 이래로 풍조가 번복됨이 심하여 바닷물이 꺼꾸러지는 것과 같고 서경 이하로 구설의 유전함이 머리털과 같이 위태하도다. 가석하다. 이천여년 황무한 것이 오래되었으니, 십육억 사람의 앞 길이 어떻게 될 것인가? 이에 한나라 당나라 송나라 연원을 기술하니 묘맥을 가히 찾을 것이요, 신라 고려 대한의 문화를 생각하니 규모가 벌써 갖추었도다.

슬프다. 우리 배산서당의 경영이 이 후손의 불은의 보답이니, 다른 도의 다단한 것이 두려우나 가히 함께 행하여 틀어지지 않기를 원하노라. 이침랑(李寢郞)이 유교를 보존하고자 하는 아량은 어진 이를 친하게 여김으로부터 근본에 돌아감

이요, 성공부(聖公府)의 시대를 구원하는 절실한 사무는 거정을 본받아 밖이 없도다. 오대주에서 집중한 대세를 본받았다. 믿음직하도다. 문왕이 제도를 고쳐 마땅히 행해야 할 것은 새롭게 하여, 시험삼아 신사에게 묻노니, 어찌 장차 학교로 돌아가지 않는가?

이에 서당을 짓되 빨리하지 말라고 방향을 정하고, 주위의 사람들에게 계책을 물으니, 모두 한결같이 솔나무는 엄강(嚴江)의 북안에서 운반하고 석재는 적벽강 동쪽에서 채택하기로 했다. 진상을 받들어 진신을 우러러 보니 교문이 동조하고, 진경을 구입하고 진리를 강론하여 진실로 우리들의 고충을 채우면, 진짜가 있는 곳에 허위가 자연히 없어지나니, 우리 도가 귀한 것은 이것뿐이라. 이에 상량문을 지어서 어엿차 노래부름을 돕노라.

들보를 동쪽으로 던지자니,
집현산이 우뚝하고 상서로운 해가 붉어오네.
함연에서 바다에 떠나갈 뜻을 생각하니,
동해바다 일천년의 넓은 근원 통하였네.

들보를 남쪽으로 던지자니,
문수가 앙앙하여 푸르기가 쪽빛같네.
가는 것이 이같은 뜻을 알고저 하면,
고금의 동서에 한 이를 머금었네.

들보를 서쪽으로 던지자니,
망해산(望海山) 봉우리 위에 풀과 나무 낮게 났네.
성한 난초 손에 잡고 예전 곡조 노래하니,
깊숙한 골짜기에 뉘와 같이 제휴할고.

들보를 북쪽으로 던지자니,
뭇별이 찬연하게 북극에게 공손히 읍하네.
비로소 믿겠다. 지구위에 서기를 머금고,
길이길이 성인의 구역을 함께 한다네.

들보를 위쪽으로 던지자니,

방장산(方丈山) 구름연기 부앙(俯仰) 간에 들어오네.

고원한 규정을 비근한 데에서부터 시작하니,

사문에서 열어보임이 천상과 흡사하네.

들보를 아래쪽으로 던지자니,

산해정(山海亭)과 농운정사(隴雲精舍)에 강사를 열었는데,

단서가 실추되니 모독하여 누구가 계승할꼬?

동방에 두 노인이 큰 집을 지탱하였네.

엎드려 원컨대, 상량한 뒤에 산천이 상서를 드러내고, 시원한 바람과 쓸쓸한 비가 명사(明沙)와 취벽(翠壁)의 구역을 침범하지 않는다. 천지가 봄을 같이 하여 구결(口訣)과 심전(心詮)이 사람의 무리에 보급할 것이다. 큰 근본을 들어 이미 베품에 큰 벼리가 뽑히지 않기를 맹세하노라.[29)]

　이병헌이 세운 배산서당의 문묘는 최초의 사설 학교의 문묘였다. 공자의 덕을 칭송하고, 문묘를 짓게된 과정에 대해 간략히 기술하였다.

---

29) 이 번역은 『배양동(培養洞) 유래(由來)와 배산서당(培山書堂) 경기약사(經紀略史)』(李炳能 編, 2001), pp. 123~125을 참조하였다.

5) 도동사상량문(道東祠上樑文)

이 글은 1919년 즈음 도동사(道東祠)가 완공되자 상량하면서 진암 이병헌이 지은 것이다.

현철(賢哲)의 장수(藏修)함이 한 사당에 불과하지만 후배의 감탄함이 끊임없고 지령(地靈)의 정채(精彩)가 오로지 전형만을 보존하지만, 거인의 추모가 쇠하지 않는다. 이러하므로 역대로 종사를 향사함이 당시 머물던 곳에 두루 있네.

엎드려 생각하건대 우리 배산의 한 구역은 이씨 문중 세 선생이 생장하신 터이다. 실로 영남의 두 부자가 노시던 곳이다. 대나무 위의 달과 소나무에 부는 바람 가운데 선생을 산해정에 모셨고, 겨울 매화와 향기로운 액체 가운데 노운정에 가인을 그리워하였다. 이에 풍조가 변천함을 만나서 윤리의 보존함을 도모하노라.

만일 동방에 구하면 태백산과 두류산을 버리고 어디로 갈 것이며 금일에 귀한 자는 민이와 물칙(物則)이 아니면 어디에 의지하리오. 도덕이 연원의 지방이 있고 경의가 일월의 표준과 같도다. 슬프다. 내학들은 힘쓰고 경계하라. 저 도동의 간판은 해외로부터 표장하였다. 근세의 나쁜 습관을 돌아보지 않고, 높은 산을 우러러 보는 것처럼 길이 담았다. 진솔하고 순수한 공이 있는 바를 말로 다하지 못한다. 우선 짧은 글로써 긴 들보 들기를 도우노라.

들보를 동쪽으로 던지자니,
한줄기 도산이 처다봄에 더욱 높도다.
밝고 밝은 천추에 찬물 속의 달이,
모난 못 반묘 중에 흘러서 비췄도다.

들보를 남쪽으로 던지자니,
푸른 벽과 밝은 모래에 그림자가 잠겼도다.
구름골짜기 낚시터가 어느 곳이던가?
사람찾아 글 지으니 흥취가 취하도다.

들보를 서쪽으로 던지자니,
일만 구릉 두류산이 먼눈에 들어오네.
저곳에 달려있는 천인 벽을 바라보니,

누와 같이 오늘날에 한가지로 올라갈고?

들보를 북쪽으로 던지자니,
두 늙은이 말하기를 남북 태극 같다하네.
아양금 손에 잡아 한 곡조 타서내니,
사동(四同)을 읊은 시는 같은 덕을 노래 했네.

들보를 위쪽으로 던지자니,
산마루에 곧게 향해 성상을 봉안했네.
앞길을 준비하여 사다리에 올라가니,
덕산의 물과 도산의 물가를 넉넉히 쳐다보네.

들보를 아래쪽으로 던지자니,
주야로 문천 냇물 쏟아져 흘러가네.
제생들의 힘써 과정을 위하여 생각하니,
여러겹 들보와 중첩된 기둥으로 향교를 건축하리.

복원 상량한 뒤에 청년과 자손들은 효제를 돈독히 하고 충신
을 행하며, 빈손의 노는 백성은 화합함에 힘쓰고 농사에 힘
을 쓰리라. 풍속의 흐름과 덕택의 두터움은 사표(師表)에 갱
장(羹墻)을 부치었고, 땅이 오래되고 하늘이 높은 것은 지체
를 상제의 마음에 따라 부렸도다. 조심하여 풍속에 유혹되어
잘못되지 않으면, 다행히도 이 일생을 헛되게 지내지 않을

것이다.[30]

이 글에서는 배산서당에 남명과 퇴계 두 분을 모시게
된 연유에 대해 간략히 설명하였다.

6. 문화재지정 및 배산서원이란 명칭

배산서당은 경남 산청군 단성면 사월리에 위치해 있는
데, 1983년 8월 6일 경남문화재자료 제51호로 지정되었
다. 현재 남아 있는 원우는 진암 이병헌이 주도하여 지
은 것이며, 이병헌은 여기에 배산서당이라는 현판을 걸
었다. 하지만, 현재는 배산서당이라는 이름보다는 배산
서원으로 일컬어지고 있다. 배산서당은 문화재청의 문화
재 분류에 따르면 '유적건조물/교육문화/교육기관/서원'
으로 되어 있으며, 명칭은 배산서원(培山書院)으로 되어
있다. 일반인들이 문화재청에서 이렇게 정리한 것을 따
른 것으로 보인다.

이 서원의 면적은 2,460m²이며, 소유자(소유단체) 및
관리자(관리단체)는 합천이씨문중이다.

---

30) 이 번역은 『배양동(培養洞) 유래(由來)와 배산서당(培山書堂) 경
기약사(經紀略史)』(李炳能 編, 2001), pp. 127~129을 참조하였다.

Ⅳ 배산서원의 건물

　배산서원은 지금도 규모가 그리 큰 편이 아니다. 그러나 현재의 배산서원에는 다른 여느 서원과는 다른 건물과 건물의 배치가 눈에 띈다. 서원의 정문인 숭인문을 들어서면 묘정의 양 옆으로 의수재와 정립재가 있고, 정면으로 배산서당이라는 현판이 걸려 있는 강당이 보인다. 강당 뒤로 도동사가 있으며, 도동사 뒤 서원의 가장 안쪽이며 위쪽에 문묘가 있다.

　도동사까지는 전형적인 서원의 형태를 이루고 있으나, 도동사 위에 문묘가 하나 더 있어 사당이 두 개 있는데, 이처럼 한 서원에 이처럼 공자를 모신 문묘와 우리나라의 학자를 모신 도동사 2개의 사당이 있는 것이 일반 서원과 다르다.

　특히 문묘는 그 당시 유교의 부흥(復興)에 힘을 쏟은 유림의 열의(熱意)에 의하여 한 서원(書院)에 두개의 사당(祠

堂)이 있는 점이 여타 서원(餘他書院)과 다르다.

1. 배산서원(培山書院)

처음에 신안에 세웠던 신안서원의 규모와 건물의 숫자를 알기 어렵다. 그런데 도천서원에 신주를 모셨다가 독립하여 모시면서 배양에 세웠던 배산서원은 규모가 제법 갖추어졌던 것으로 보인다. 당시 서원에 있던 건물에 대해서는 이휘녕(李彙寧)이 쓴 「서원기(書院記)」에 밝혀져 있다.

이에 따르면 사당, 정당과 동서 양쪽의 재실이 있었다. 사당의 이름은 덕연, 정당의 이름은 정교, 동서 양쪽 재실의 이름은 정립재(靜立齋)와 의수재(猗修齋)였다.

그런데 요즈음의 일부 기록에 이 때 시원에 대해 잘못 설명하고 있음을 볼 수 있다.

본래는 덕연사라는 이름으로 조선 영조(朝鮮 英祖) 47년(1771)에 이곳에 건립이 되었다. 덕연사는 청향당 이원(淸香堂 李源)과 죽각 이광우(竹閣 李光友)를 모시기 위한 것이다. 이들은 처음에는 신안면에 있는 도천서원(道川書院)에 모셔져 있었으나, 이 서원이 사액(賜額)을 받자 그곳에 배향(配享)되었던 이들을 따로 모시기 위하여 덕연사를 세웠던 것이다.

그런데, 덕연사(德淵祠)는 대원군(大院君)이 1868년에 내린 서원훼철령(書院毀撤令)에 따라 훼철이 되었다.

이 글에 따르면, 배산서원이 본래는 1771년에 덕연사라는 이름으로 건립이 되었다는 것이다. 그런데, 덕연사는 서원의 이름이 아니라, 배산서원 안에 있는 사당 이름인 것이며, 또 1792년에 완성된 서원을 두고 1771년에 덕원사가 지어졌다는 것은 무엇에 근거한 것인지 알 수 없다. 만약 배산서원 앞에 세워진 안내판에 따른 것이라면, 바로 잡아야 할 것이다.

배산서원은 1771년(영조47)에 세워진 덕연사(德淵祠)에서 비롯된 것이다. 인근의 도천서원(道川書院)이 사액서원(賜額書院)이 되면서, 그 서원에서 봉안된 청향당(淸香堂) 이원(李源)과 죽각(竹閣) 이광우(李光友)의 위패를 따로 모셔와 덕연사를 세웠다. 대원군 때 덕연사는 헐렸으나 1919년 진암(眞庵) 이병헌(李炳憲)이 발의하여 문묘(文廟)와 도동사(道東祠), 강당을 짓고 배산서원(培山西院)이라 하였다. 문묘에는 공자의 진영을 모셨고 도동사에는 이원, 이광우의 위패와 함께 이원과 교분이 두터웠던 이황(李滉), 조식(曹植)의 위패를 함께 모셨다. 한 서원에 2개의 사당이 있는 것이 일반 서원과 다르다. 강당은 정면 4칸 측면 2칸의 팔각 지붕 기와집인데, 중국의 변법 자강운동가이자 공양학자인 강유위(康有爲)의 자필 현판이 있고, 김구(金九)와 이시영(李始榮), 조완구(趙琬九), 박은식(朴殷

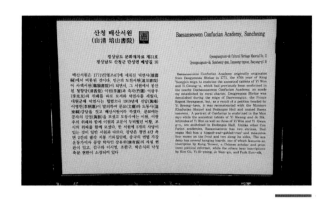

배산서원 안내판

植)의 낙성축문(落成祝文) 현판이 소장되어 있다.

　위의 글은 배산서당 앞에 세워져 있는 안내판의 내용
전문인데, 잘못된 정보가 많다. 인터넷에 더러 보이는 오
류들은 아마도 여기에서 비롯된 것이 아닌가 한다. 그런
데 이 글에는 잘못된 곳이 몇 군데 있는데, 하나하나 짚
어보면 다음과 같다.

　첫 문장인 "배산서원은 1771년(영조47)에 세워진 덕연
사(德淵祠)에서 비롯된 것이다."라는 말부터 말이 되지 않
는다. 배산서원의 사당이 덕연사였는데, 덕연사에서 비
롯되었다는 것은 무슨 말인지 이해가 되지 않는다. 그리
고 "덕연사를 지었다"는 것도 옳지 않다. 왜냐하면, 이
때는 배산서원을 지었고, 배산서원의 사당이 덕연사이기
때문이다. 또한 배산서원이 지어진 연대는 1771년이 아

니라 1792년이다.

또 안내판에서는 이병헌이 지은 것이 "배산서원이다"라고 하였으나, 이 때는 이름을 배산서원이라 하지 않고 배산서당이라 하였다. 더구나 배산서당의 지붕에 대해서 "팔각 지붕 기와집"이라 한 것은 잘못된 말이다. 특히 '팔각지붕'은 팔각정의 지붕이 팔각지붕일 수는 있으나 일반 건축물의 지붕이 팔각지붕인 경우는 거의 없다. '팔각지붕'은 아마도 팔작지붕이라 할 것을 잘못 표기한 것으로 보인다.

2. 배산서당(培山書堂)

배산서당은 1871년 대원군의 서원철폐령에 의해 훼철된 이후로 터만 남아 있다가, 이병헌이 주도하여 7년여 걸쳐 지어졌다고 한다. 그런데 어떤 곳에는 1919년에 배산서당이 지어졌다고 하고, 또 1923년에 완공되어 공자의 진영을 모셨다고 한다.

이러한 혼란은 이 공사가 단기간 한꺼번에 지어진 것이 아니고, 7년간에 걸쳐 연차적으로 완공이 되어 그런 것으로 보인다. 따라서 대략 그 지어진 과정을 따져보면, 공사를 시작한 지 3년 만인 1919년 강당이 완성되고, 4년 뒤인 1923에는 문묘까지 완성되어 공자의 진영을 모시게 된다.

1) 문묘(文廟)

문묘는 공자의 진영을 모신 사당으로, 서원의 맨 안 쪽에 위치해 있다. 문묘의 출입문에는 현판이 없고, 문묘에는 '文廟'라고 쓴 현판이 있다.

그리고 문묘의 안에는 지성선사공자신위(至聖先師孔子神位)이라는 위패에다 오로지 공자의 진영만 모셔져 있는데, 공자의 진영은 본래 이병헌이 직접 중국으로 가서 중국 곡부(曲阜)의 연성공부(衍聖公府)와의 협의(協議)를 통하여 모셔온 것이라고 한다. 그러나 본래 이병헌이 중국에서 모셔온 영정은 도난을 당하고, 현재 모셔져 있는 진영은 뒤에 마련된 것이다.

배산서당은 상단(上段)에 문묘(文廟)가 있고 문묘에 공자의 존영(尊影)이 모셔져 있다. 우리 성균관(成均館)이나 향교(鄕校)는 공자를 지성선사문선왕(至聖先師文宣王)으로 모시고 있으니 배산서당 문묘(培山書堂 文廟)에는 공자를 지성선사공자신위(至聖先師孔子神位)로 봉안하고 대조적(對照的)인 것이 성균관과 향교는 공자를 왕으로 모시고 배산서당은 공자를 신으로 모시는 것이 다른 이유가 있다. 성균관과 향교는 공자의 도 유교는 종교가 아니고 사람이 살아가는 실천도학으로 삼았고 배산서당은 유교를 종교화하고 공자를 배천(配天)으로 삼아 신격화(神格化)하고 공자의 진경(眞經)인 금문경학(今文經學)을 성경(聖經)으로 천명하는 신앙을 목적으로 하는 점이다.[31]

이 건물은 정면 3칸, 측면 1칸반으로 되어 있으며, 사당(祠堂)건물의 전형적(典型的)인 형태를 취한 익공식(翼拱式) 건물이다. 이병헌이 지은 「문묘상량문」이 있다.

---

31) 『배양마을 유래와 배산서당』(배산서원 안내책자), pp. 8~9.

2) 도동사(道東祠)

문묘의 아래에는 우리나라 학자를 모신 도동사(道東祠)가 있다. 여기에는 조선 중기 영남 지역을 대표하는 학자를 두 분, 곧 퇴계(退溪) 선생과 남명(南冥) 선생, 그리고 이들과 사동지교(四同之交)의 교분이 있던 청향당(淸香堂) 이원(李源), 그리고 그 조카인 죽각(竹閣) 이광우(李光友)를 모셨다. 네 분의 배치는 건물의 정중앙에 남명선생, 오른편에 퇴계선생, 왼편에 청향당 선생이 모셔져 있고, 죽각선생은 동벽에 따로 모셔져 있다.

배산서당 중단(中段)에는 도동사(道東祠)가 있다. 이곳에는 우리 영남 유학의 종사(宗師)인 퇴계(退溪) 이황(李滉) 선생과 남명(南冥) 조식(曺植) 선생과 청향당(淸香堂) 이원(李源) 선생이 모여져 있다. 삼경사동지교(三庚四同之交)(연령, 사상, 도, 덕이 같음)한 퇴계선생을 "선현퇴도이자(先賢退陶李子)"로 모시고, 남명선생을 "선현남명조자(先賢南冥曺子)"로 모셨으며, 청향당선생을 "선유청향당이선생(先儒淸香堂李先生)"으로 연향하고, 죽각선생은 "선유죽각이공(先儒竹閣李公)"으로 배향하고 있다.[32]

1788년 배산서원이 지어질 당시에는 사당에 청향당과

---

32) 『배양마을 유래와 배산서당』(배산서원 안내책자), pp. 9~10.

죽각 두 선생을 모시기 위한 사당이었고, 사당의 이름이 덕연사였다. 그러나 배산서당을 지으면서는 두 분뿐만 아니라, 동방 유학을 대표하는 퇴계와 남명 두 분을 더 모시게 되었고, 이름도 도동사라 하였다.

도동사는 그 규모가 문묘와 동일하다. 정면 3칸, 측면 1칸 반 크기의 건물이며, 사당(祠堂)건물의 전형적(典型的) 인 형태를 취한 익공식(翼拱式) 건물이다. 이 건물에 관한 글로는 이병헌이 지은 「도동사상량문(道東祠上樑文)」이 있다.

3) 강당(講堂)

도동사 아래에 강당(講堂)이 있는데, 강당에는 이름이 따로 없다. 다만 여기에는 중국의 유명한 변법자강 운동 가(變法自强 運動家)이며, 공양학자(公洋學者)인 강유위(康有爲)의 자필(自筆)로 된 배산서당이란 현판액자(縣板額子)가 있다. 1788년에 지어진 배산서원의 강당은 이름이 정교 당이었다.

그리고 그 위 대청마루에는 강유위의 「배산서당기문(培山堂書堂記文)」을 비롯하여, 상해임시정부(上海臨時政府)의 요인(要人)인 백범(白凡) 김구(金九)의 「축배산서당낙성(祝培山書堂落成)」, 성재(省齋) 이시영(李始營)의 「축배산서당낙 성사(祝培山書堂落成辭)」, 우천(藕泉) 조완구(趙琬九)의 「축배

산서당창건(祝培山書堂創建)」, 백암(白岩) 박은식(朴殷植)의
「배산서원연기설(培山書院緣起說)」 현판이 현재 걸려 있다.

강당은 정면 4칸, 측면 2칸, 팔작지붕의 5량가구조(五
樑架構造)이며 고급(高級) 민간건축(民間建築)으로 지어져,
일제강점기(日帝强占期)에도 한옥건축(韓屋建築)의 명맥(命
脈)을 잇는 훌륭한 건물들이 지어졌음을 알게 한다. 이
건물은 들보 아래에 간략하게나마 열 마리 거북모양이
되도록 꾸민 것이 특이하다.

매년 봄 3월 상해일(上亥日)에 유림(儒林)들이 춘향(春享)
을 모신다.

배산서원 의수재

4) 의수재(猗修齋)

이 건물은 배산서원의 서재이다. 본래 배산서당이 지어질 당시에는 없었으나, 1985년 경 새로 지은 것이다. 의수재라는 이름은 1788년에 세워진 배산서원의 서재 이름을 그대로 사용하였다고 한다. 이휘녕(李彙寧)의 「서원기(書院記)」에 서재의 이름을 의수재라 소개하였다.

건물은 정면 3칸 측면 2칸의 팔작지붕이다. 의수재라는 현판은 2016년 봄에 경상대학교 한문학과 허권수 교수가 썼다.

5) 정립재(淨立齋)

이 건물은 배산서원의 동재이다. 본래 배산서당이 지어질 당시에는 없었으나, 2016년에 새로 지은 것이다. 정립재라는 이름은 1788년에 세워진 배산서원의 서재 이름을 그대로 사용하였다고 한다. 이휘녕(李彙寧)의 「서원기(書院記)」에 서재의 이름을 정립재라 소개하였다.

건물은 정면 3칸 측면 2칸의 팔작지붕이다. 정립재라는 현판은 2016년 봄에 경상대학교 한문학과 허권수 교수가 썼다.

배산서당 숭인문

6) 숭인문(崇仁門)

배산서원의 정문이다. 솟을 대문으로 되어 있다. 중앙에 출입문이 있고 양옆으로는 곳간이 있다.

7) 유교 복원의 본산 기념비

이 기념비는 서원 출입문 바로 옆에 세워져 있다. 앞에는 강보연(康保延) 교수의 "복원유교지본산(復元儒敎之本山)"이라는 휘호가 새겨져 있고, 뒤에는 휘호를 하게 된 간략한 내용이 소개되어 있다. 강보연 교수는 강유위의 후손으로, 배산서원의 초청을 받아 내방한 바 있다. 『배양마을 유래와 배산서당』(배산서원 안내책자, p. 16)에 이에

대한 내용이 소개되어 있는데 그 내용은 다음과 같다.

배산서당에서는 임오년(2010)에 내방한 강보연(康保延) 교수
에게 역사적인 배산서당 방문 기념휘호를 청했더니 "복원유
교지본산(復元儒敎之本山)"이란 휘호를 남겼다. 낙관되지 않은
것이라 그 후 성균관부관장 환재(渙齋) 하유집(河有楫) 형과 경
상대학교 남명학연구소장 허권수(許捲洙) 박사가 동남아유학
자 연수차 대만에 가는 걸음에 강보연 씨를 만나 휘호에 낙
관을 받아오도록 부탁했더니 받아와서 그것을 배산서당 입
구의 정민(貞珉)에 새긴 내용은 "복원유교지본산"

昔韓國儒學者 眞庵 李炳憲先生 從先祖 南海公游 今春 保延
拜訪其創之孔敎會 韓國支會 培山書堂 蒙諸公提承山長 堅辭
之 謹書數字 留念

孔子二千五百五十三年 壬午 仲春 中國 康保延 敬書

라는 이 글은 배산서당의 진면목을 조명하는 금석문
이다.[33]

---

33) 『배양마을 유래와 배산서당』(배산서원 안내책자), p. 16.

V

배산서원의 배향인물

문묘에 공자 진영(眞影)을 모셨고, 도동사에는 정면에서 보아 왼쪽부터 퇴계 이황, 남명 조식, 청향당 이원, 죽각 이광우의 위패를 모셨다. 위패를 모신 순서에 따라 배산서원의 배향인물을 살펴 보기로 한다.

1. 퇴계(退溪) 이황(李滉)

퇴계(退溪) 이황(李滉)은 조선 중기의 문신이자 유학자, 본관은 진성(眞城)이며 초명(初名)은 서홍(瑞鴻)이다. 자(字)는 경호(景浩)이며, 호(號)는 퇴계(退溪)인데 '물러나 시내 위에 머무른다'는 뜻의 '퇴거계상(退居溪上)'에서 비롯되었다. '계(溪)'는 이황이 물러나 머물렀던 '토계(兎谿)'라는 지명에서 비롯되었다고도 해석된다. 청량산(淸凉山) 기슭에

도산서당(陶山書堂)을 짓고 후학을 양성하여 도옹(陶翁)·도수(陶叟)·퇴도(退陶)·청량산인(淸凉山人)이라는 별호(別號)도 사용했다. 시호(諡號)는 문순(文純)이다.

1501년 11월 25일(음력) 예안(禮安, 지금의 경상북도 안동시)에서 진사 이식(李埴, 뒤에 좌찬성으로 추증됨)의 7남 1녀 가운데 막내아들로 태어났다.

주자의 사상을 깊게 연구하여 조선 성리학 발달의 기초를 형성했으며, 이(理)의 능동성을 강조하는 이기호발설(理氣互發說)을 주장하였다. 주리론(主理論) 전통의 영남학파(嶺南學派)의 종조(宗祖)로 숭앙된다.[34]

퇴계가 배산서원에 향사된 까닭은 청향당과 벗으로 사귀었기 때문이며, 이들의 만남은 처가가 같은 마을에 있었기 때문이었다. 청향당의 연보에 의하면, 1521년(중종 16)에 "선생 21세 봄에 의춘 가려촌으로 가서 퇴계 이선생을 만났다. 이 해에 퇴계 선생은 허씨 집안에 장가를 들었다. 선생의 처가 또한 같은 마을에 있었다. 한 번 만나자 마자 옛 친구처럼 뜻이 맞아 공손히 서로 공경하였다. 이로 인하여 막역한 벗이 되었다. 나이 또한 동갑이다."[35]라고 하였다. 이렇게 의령의 처가에서 만났던 퇴계가 5년 뒤에는 의춘의 처가를 방문차 왔다가 단성의

---

34) 네이버 두산백과.
35) 최석기·강정화 역, 『淸香堂實記』「연보」(술이, 2015), pp. 28~29.

청향당으로 찾아왔다.

『연보』의 가정(嘉靖) 5년 중종대
왕 21년 병술년(1526) 조에 "봄에
퇴계가 내방하여, 머물다가 돌아갔
다."라고 하고, 그 주에 "퇴계선생
이 의춘(宜春) 처가에 왔다가 내방
하였다. 선생은 기뻐하며 공경히
맞이하여, 함께 강학하고 토론하였
다. 이별에 즈음하여 시를 지어 주
었다. 이로부터 서로 내왕하니, 이

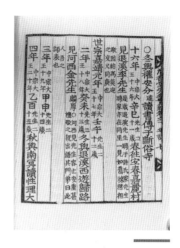

청향당과 퇴계가 의춘에서 만난 기록
(청향당연보)

택의 공부가 매우 많았다."라고 하
였다. 그리고 이어서 "선생의 글은
모두 전쟁 중에 소실되어, 고찰하고 근거할 만한 것이 없
다. 연보에서 시를 주고 편지를 보냈다고 하는 것은, 단
지 『퇴계집』과 광명실(光明室)에 소장된 원본을 베껴 온
것에 근거하여 그렇게 말한 것뿐이다. 보는 이들은 이 점
을 살펴야 한다."라고 하였다.[36]

퇴계가 단성에 왔다 간 지 30여 년이 훨씬 지난 뒤에
청향당은 그 조카 이광우와 함께 도산으로 퇴계를 방문
하였다.

가정 42년 1563년 "4월에 조카 광우와 함께 도산으로

---

36) 최석기·강정화 역, 『竹閣文集』 (술이, 2015), p. 31.

가서 퇴계를 만나, 외선조 강성군 문선생의 비가에 기문을 청하였다. 그리고 광우가 그곳에서 수학하도록 부탁하였다."라고 하였다. 이후에는 인월(印月)이라는 산승을 시켜 퇴계에게 편지를 부쳤는데, 이 산승이 두 선생 사이를 내왕한 사람이라 하였다. 1565년에는 "가을에 감사가 선생의 효행을 조정에 아뢰어, 특별히 상전을 받았다."라고 하였는데, 그 주에 퇴계가 시로써 축하하는 시를 지어 보냈다고 하였다. 그리고 퇴계의 아들 이준(李㴦)이 내방하였다고 밝혔다. 그리고 그 주에 "퇴계는 화답시와 편지를 아들로 하여금 와서 바치게 하였는데, 평소의 마음과 정을 듬뿍 담아 말하였다. 그 가운데 '흰머리에 쇠잔한 나이, 서로 만날 날 거의 없을 듯하네.'라는 말이 있다."라고 하였다.[37]

1569년 정월에 퇴계의 편지를 받았는데, 이에 대한 주석에 "이 때 퇴계는 판중추로서 바야흐로 서울에 있었다. 선생이 편지를 보내 안부를 묻고, 아울러 절구 두 수를 보냈는데, 이는 그에 대한 답서였다. 편지중에 '고인이 구름에 누워 아래를 보고 있으니, 복사꽃 피는 봄이 되어 물이 불어나면, 돛을 걸고 돌아가리라.'는 말이 있다."라고 하였다. "4월 함양훈도에 제수되었으나 나가지 않았다."라고 하였다. 이 달 선생이 퇴계에게 편지를 보냈

---

37) 최석기·강정화 역, 『竹閣文集』(술이, 2015), p. 44.

는데, 퇴계는 답서에서 함양훈도를 자신이 추천하지 않았다고 밝혔다.[38]

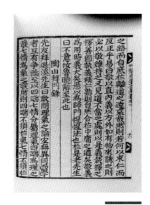

도산배문록(죽각문집)

청향당은 이 때 함양훈도에 임명되었으나 나가지 않았다. 그런데 자신을 함양훈도에 추천한 사람이 당시 서울에 올라가 판중추부사를 지낸 퇴계가 아니었나 의심을 하였다. 그래서 퇴계는 자신이 청향당을 추천한 것이 아님을 밝힌 것이다.

9월 16일 돌아가자, 퇴계는 "온갖 병이 몸을 해쳐 다시 서로 만나지 못했는데, 갑자기 유명사에 등지게 되었구나. 이 좋은 친구를 잃게 되었구나." 라고 하였다.

청향당의 조카인 이광우는 청향당과 함께 퇴계를 방문하고, 그것에 관한 기록을 간략하나마 「도산배문록(陶山拜門錄)」이란 이름 아래 정리하여 놓았다.

광우가 퇴계선생께 절하고 말하기를, "감히 여쭙건대, 이기(理氣)의 논의는 마땅히 다름이 없어야 하는데, 학자들은 서

---

38) 퇴계와 청향당이 주고받은 시와 편지가 『퇴계집』에는 물론, 『배양동(培養洞) 유래(由來)와 배산서당(培山書堂) 경기약사(經紀略史)』(李炳能 編, 2001), pp. 5~18.에도 일부 수록되어 있으나, 여기에서는 모두 싣지 못한다.

로 논쟁을 하고 있습니다. 심지어 사단칠정(四端七情)을 이기(理氣)에 분속(分屬)시켜 사단을 이(理)가 발한 것으로 삼고, 칠정을 기(氣)가 발한 것으로 삼고 있습니다. 그렇다면 사단은 기(氣)에 필요치 않고, 칠정은 이(理)에 필요치 않는 것입니까?"라고 하였다.

노선생께서 대답하시기를, "지난 해 기명언(奇明彦) 군이 『천명도(天命圖)』에 사단칠정을 이기(理氣)에 분속시키고, 나누어 놓은 것이 너무 심하여 어의(語意)에 병폐가 없지 않습니다......'라고 하였네. 그래서 감히 변별하고 분석하기를 이와 같이 하였네. 자네는 이것을 정밀히 살펴보도록 하게."라고 하셨다. 그리고 기명언에게 답한 편지를 주셨다.

광우가 말하기를, "감히 여쭙건대, 이기의 근원이 천명에 근본한다면 『천명도(天命圖)』와 음양오행(陰陽五行)이 생성되는 오묘함, 사람과 사물이 통하고 막히는 구분을 들려주시겠습니까?"라고 하였다.

노선생이 대답하시기를, "이 점은 공부를 많이 하지 않고서는 가벼이 의논할 수 없다. 정정이(鄭靜而: 鄭之雲)의 도(圖)와 설(說)은 잘못된 점이 많다. 그러므로 개정하여, 도설(圖說)을 묶어 문답하였다. 그 뜻이 이 속에 갖추어져 있으니, 그것을 잘 살펴보도록 하게."라고 하시고는, 도설(圖說) 한 통을 주셨다.[39]

---

39) 최석기·강정화 역,『竹閣文集』『雜著』(술이, 2015), p. 44.

퇴계와의 문답하는 형식으로 된 글에서는 학문하는 방법과 태도 등에 대해서 서로 의견을 교환 것이다. 이처럼 퇴계와의 사제관계를 이어가다가 퇴계가 청량산에 있을 때 그를 방문하고 「퇴계선생을 방문하여 청량산에 들어감」이라는 시를 지은 바 있다.

주공이 유람하던 곳에 퇴옹이 은거해
周公遊處退翁隱,
고인이 한가하게 지낼 때 찾아와 방문하였네.
來訪高人偃蹇間.
청량산 열두봉우리를 모두 다 보고 나서,
看盡淸凉峰十二,
거룻배로 내려가 고산으로 향하리.
扁舟又下向孤山.[40]

그리고 퇴계 선생이 돌아가자 그는 「퇴계선생만사」를 지었는데, 그 구절에 "학문은 천인의 관계를 꿰뚫었고 [學貫天人際]"라는 말이 있어, 그가 퇴계 사후 퇴계의 학문에 대해 어떻게 생각하였지 하는 내용의 일단이 드러난 것을 볼 수 있다.

---

40) 최석기·강정화 역,『竹閣文集』「詩」(술이, 2015)

2. 남명(南冥) 조식(曺植)

　　남명 조식에 대해서도 수많은 논저가 나와 너무나 많이 알려진 인물이므로, 그의 생애는 생략하고, 여기에서는 청향당이나 죽각과의 관계를 중심으로 기술하기로 한다. 결국 남명은 이들과의 이러한 교우, 사제의 관계때문에 여기에서 향사되기 때문이다. 우선 청향당과의 관계를 살펴보기로 한다.

　　청향당 선생은 남명과도 동갑으로 친분이 두터웠다. 남명이 청향당 詩에 화답하면서 네 가지가 같아 응당 새로 안사람과 다르다고 하였고, 자신을 일찍이 종자기에 견주었다고 하였다.

> 네 가지가 같으니 원래 새로 안 사람과 달라,
>
> 四同應不在新知,
>
> 나를 일찍이 종자기(鍾子期)에 견주었었지.
>
> 擬我曾於鍾子期.
>
> 칠언시, 오언시가 만금의 가치를 지니건만,
>
> 七字五言金直萬,
>
> 곁의 사람은 한 편의 시로만 간주하는구나.
>
> 傍人看作一篇詩.[41]

---

41) 曺植, 『南冥集』 卷1 「和淸香堂詩」.

여기서 네 가지가 같다는 말은 남
명과 청향당이 같은 해(1501년), 같
은 경상도 땅에서 태어나, 품성과
도와 덕이 같다는 것을 말한다.

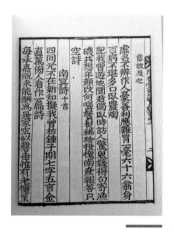

남명이 청향당에게 화답한 시

종자기에 견주었다는 말은, 옛날
백아라는 사람이 거문고를 잘 타고
종자기는 이를 듣기 좋아하였는데,
종자기가 죽은 후 백아가 절망한 나
머지, 거문고 줄을 끊고 다시는 거문
고를 타지 않았다는 고사에서 나온
말인데, 백아와 종자기 같이 서로 알
아주는 진실한 벗이라는 뜻이다.

『연보』에 의하면 정덕 13년 중종대왕 13년 무인년
(1518)에 "선생 18세 겨울에 남명 조식 선생과 함께 산사
에서『주역』을 읽었다. 선생은 남명과 같은 나이이고 뜻
이 서로 맞아, 야관 때부터 서로 왕래하며 강학하고 토
론하였다."[42]라고 하였다.

『연보』의 가정 4년 중종대왕 20년 을유년(1525)에 "선
생 25세 가을에 남명과 함께 산사에서『성리대전』을 읽었
다. 남명은 이 책을 읽다가, 허노재가 '이윤의 뜻에 뜻을
두고 안자의 학문을 배우면, 나아가서는 행함이 있고 처

---

42) 최석기·강정화 역,『淸香堂實紀』(술이, 2015), p. 28.

해서는 지킴이 있을 것이니, 대장부는 마땅히 이와 같아야 한다.'고 한 대목에 이르러, 문득 책을 덮고 크게 한숨 쉬며 말하기를, '이 책을 읽으면 고인이 마음을 세우고 자기를 행한 방법을 알 수 있겠구나.'라고 하였다. 이에 선생은 묵묵히 마음에 합치됨이 있었다. 남명은 항상 선생을 칭찬하여 말하기를, '이 사람은 나와 네 가지가 같은 벗이다.'라고 하셨다. 대체로 나이가 같고 도가 같고, 마음이 같고, 덕이 같음을 말한 것이다."[43]라고 하였다.

가정 8년 기축년(1529)에 정월에 자굴산 명경대로 가서 남명을 방문하였고, 가정 9년 경인년(1530)에는 "산해정으로 가서, 『산해연원록』에 이름을 올렸다."라고 하였다. 그 주에 "이 때 남명은 어머니를 모시고 금광의 처가에 가서 봉양하고 있었다. 어대산 아래에 정자를 지어 강학하는 곳으로 삼았다. 선생은 송계 신계성, 황강 이희안, 대곡 성운 등 여러 어진 이들과 함께 노닐었는데, 당시 사람들이 덕성이 모여든다고 하였다."[44]라고 하였다.

33세 때 향시에 합격하였으나, 벼슬에 뜻을 버리고 청향정사(淸香精舍)를 지어 청빈하게 숨어 살면서 선비로서의 그윽한 아치를 간직하며 살고자 했다. 평생 학문을 탐구하며 안빈낙도하는 삶을 추구하고자 하였던 것이다.

---

43) 최석기·강정화 역, 『淸香堂實紀』(술이, 2015), p. 30.

44) 최석기·강정화 역, 『淸香堂實紀』(술이, 2015), p. 33.

이해 3월에 남명이 찾아와 「청향당팔영(淸香堂八詠)」[45)]이란 시를 지어 정사의 경치와 선생의 안빈낙도하는 삶을 읊기도 하였다.

남명은 청향정사에 올라 7가지 아름다운 풍광을 읊고 마지막 한 수에 정사의 주인 이름이 후세에 전해져 잊혀지지 않을 것을 말하였다.

이때 지은 7가지 풍광은 죽풍(竹風 대밭에 부는 바람), 송월(松月 소나무에 비친달), 금운(琴韻 거문고 소리), 설매(雪梅 눈속의 매화), 상국(霜菊 서리속의 국화), 분연(盆蓮 화분의 연꽃), 경전(經傳) 등인데 하나같이 단아한 선비가 가까이 두고 완상하는 것들이다. 선생은 정사에 서서 이들을 벗삼아 평생을 보냈으니, 그 단아함이란 후학이 본볼 수 있는 것이다.

『연보』에서도 가정 16년 정유년(1537)에 "청향정사를 지었다."라고 하였다. 그 주에 "작은 연못을 만들어 연꽃을 심고, 날마다 그 위에서 시를 읊으며 청은하고 유향한 뜻을 붙였다. 인형처럼 종일 낮아 지내면서 안빈낙도하였다. 좌우의 도서로 연구하고 탐색하며, 깊이 침잠하여 스스로 재닥을 감추었다. 이로부터 마침내 과거 공부를 그만두었다."라고 하였다. "3월에 남명이 내방하였

---

45) 『南冥先生集』 卷1 「淸香堂八詠 李源堂號」 이 시는 『남명집』과 『청향당집』에 모두 실려 있으나 여기에서는 싣지 않는다.

다."라고 하고, 그 주에 "이 때 「청향정사팔영」을 지었
다."라고 하였다.[46]

가정 27년 무신년(1548)에는 8월에 뇌룡사로 가서 남명
과 경전의 뜻을 강학하고 토론하였으며, 가정 29년 경술
년(1550)에는 "아들 광곤과 조카 광우에게 명하여, 남명
의 문하에서 수학하게 하였다."라고 하였다.

가정 36년 정사년(1557)에 "3월에 뇌룡정으로 남명을
방문하여, 각재 하항과 함께 성리서 등의 책에서 의문 나
는 점을 질정하였다.", 그리고 이듬히인 1558년에는 "4월
에 남명과 함께 두류산을 유람하였다."라고 하였다.
1567년에는 신명사명을 교정하였다. 1569년 돌아가자
"남명은 통곡하기를 그치지 않고 말하기를, '이 사람이
가버렸으니, 성정의 학문과 경의의 공부는 참으로 다시
보기 어렵겠구나.'"라고 하였다.

다음은 남명과 죽각 이광우와의 관계를 살펴보고자 한
다. 죽각 이광우는 청향당의 조카이면서, 그의 학문을 승
계한 사람이다. 청향당은 남명과 퇴계를 스승으로 모시
도록 하였고, 남명과 퇴계에게 갈 때 항상 함께 가곤 하
였다. 따라서 남명과 죽각은 사제의 깊은 관계를 맺고 있
었다. 이를 말하는 자료도 매우 풍부하다.

우선 『죽각문집』에 부록으로 들어 있는 「덕천배문록(德

---

46) 최석기·강정화 역, 『淸香堂實紀』(술이, 2015), p. 35.

川拜聞錄)」을 보기로 한다. 여기에는 죽각이 어렸을 적에 남명을 찾아가서 공부한 내용이 담겨 있다.

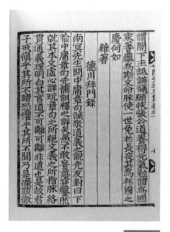

남명선생이 『중용장구』의 '성경(誠敬)'과 '도의(道義)'의 설에 대해 물으셔서, 광우가 대답하기를 다음과 같이 하였다.

깨우쳐 주신 『중용장구』는 선유의 훈석(訓釋)이 상세하니, 제가 감히 망령된 생각으로 천착할 수 없습니다. 그

덕천배문록(죽각문집)

러나 그 본문에 나아가 마음을 비우고 자세히 완미하면, 장구가 끊어진 곳과 문장의 뜻이 가리키는 바는 맥락이 관통하고 의리가 명백합니다.

이 책에 "도(道)는 잠시도 벗어날 수 없으니, 벗어날 수 있다면 진정한 도가 아니다. 그러므로 군자는 보이지 않는 바에서 경계하고 삼가며, 들리지 않는 바에서 두려워하고 두려워한다.[道不可離, 可離非道也. 是故, 君子戒愼乎其所不睹, 恐懼乎其所不聞]"라고 하였으니, 이는 철두철미하게 언제 어느 곳에서든 잠시라도 도에서 떠나지 않으려는 것입니다. 이것이 천리(天理)의 실상을 보존하는 것입니다.

또한 "마음이 발하고 난 뒤에는 은미한 것보다 더 잘 나타나는 것은 없으며, 미세한 것보다 더 잘 드러나는 것은 없다.

그러므로 군자는 자신이 호롤 알고 있는 것을 삼간다."라고
하였으니, 이는 위 문장의 전체 공부에서 아마도 '중(中)'자가
빠진 듯하다 보고 터득한 것입니다. 이곳은 한 생각이 일어
나는 곳으로 만사(萬事)의 근원입니다. 또한 다시 긴요하고
절실하게 그리고 주의하여 살핀다면, 스스로 숨기려 해도 나
타나며, 스스로 은미하게 하려해도 드러나기 마련이니, 모두
인욕(人慾)의 사사로움을 없애려는 것입니다.

전단(前段)은 마지막 장(章)에 이른바 "몸이 눈앞에 움직이지
않아도 스스로 마음을 공경히 하고, 누가 말을 하지 않더라
도 마음을 신실하게 한다.[不動而敬, 不言而信]"에 이르고,
후단(後段)은 마지막 장에 이른바 "안으로 살펴보아 허물이
없어서 지향하는 바에 부끄러움이 없다.[內省不疚, 無惡於
志]"에 이릅니다. 문자의 뜻이 조리가 있고 대소가 분명하며
서로 조응이 됩니다. 이것이 주부자(朱夫子)가 학자들을 경계
시키고 깨우친 본의(本意)입니다. (중략)

대저 중용(中庸)의 도는, 체(體)를 말미암아 용(用)에 달하니 그
중(中)으로부터 화(和)에 다다름을 볼 수 있고, 용을 말미암아
체에 돌아가니 그 비(費)를 먼저하고 은(隱)을 뒤에 함을 볼 수
있습니다. 이를 미루어 궁구하면, 33장(章)의 뜻은 이 이치가
아닌 것이 없고, 한 편의 핵심은 단지 '성(誠)'이란 한 글자뿐
입니다. 그러므로 주부자가 말씀하시기를, "대저 성의 성됨
은, 하늘에 있어서는 실제로 있는 이치가 되고, 사람에게 있
어서는 실제로 그러한 마음이 된다. 존심양성은 하늘을 섬기

고 사물의 이치를 궁구하는 것이다. 그러므로 지극한 성은 쉼이 없고, 조금도 유지하는 방법을 끊어지게 해서는 안 된다. 유지하는 주재(主宰)는 오직 경(敬)뿐이다."라고 하였습니다. 대개 경은 '놀라서 마치 두려워하는 바가 있는 듯하다.'는 뜻입니다. 이 마음이 발하기 이전에는 오직 경으로써 유지하고, 이 마음이 발한 뒤에도 경으로써 성찰해야 합니다. 비록 깊숙하고 어두운 가운데에서라도 기미가 싹트면 엄하게 마치 큰 손님을 만난 듯이 하고, 숙연하게 마치 큰 제사를 받들 듯이 해서, 아침저녁으로 부지런히 힘쓰고 두려워하여 어느 때든 그렇지 않음이 없으면, 하늘이 나에게 준 실상이 자연히 이치에 합치되어, 자신을 닦고 성을 세우는 도가 이에 이를 것입니다.

무릇 도는 인(仁)·의(義)를 합하여 말한 것입니다. 맹자가 말씀하시기를, "인은 사람의 편안한 집이요, 의는 사람의 바른 길이다."라고 하였습니다. 사람들은 모두 이 집이 거처할 만함을 알지만, 능히 살 곳으로 선택하는 사람은 적습니다. 사람들은 모구 이 길이 마땅히 가야할 길임을 알지만, 능히 말미암을 줄 아는 사람은 적습니다. 그 까닭이 무엇이겠습니까? 인욕이 가려 자기의 본선을 잃어버려 항상 행해야 할 길이 나에게 있음을 알지 못하고 스스로 도를 떠나 먼 곳으로 가게 되니, 슬픈 일입니다.

그렇다면 어떻게 해야 인을 구해 정(正)에 돌아갈 수 있겠습니까? 『주역』에 "경으로써 안을 곧게 하고, 의로써 밖을 떳떳

하게 한다.[敬以直內, 義以方外]"라고 하였습니다. 만약 사물
이 다가와 유혹함이 있으면 반드시 경으로써 마음을 유지하
고 또한 도에 합당치 않은 점을 보면 이 의로써 재단해 선택
해야 합니다. 선을 택하여 굳게 잡아서 의가 정밀하고 인이
익숙해지면 자연히 중용의 도에 합치될 것입니다. 경과 의
는, 쓰임이 될 때에는 의가 더 큽니다. 저는 사문(師門)의 성
성법(惺惺法)이라고 생각합니다.

이에 노선생이 말씀하시기를, "너의 노둔함으로 밝게 아는
것이 이런 경지에 이르렀을 줄 생각지도 못했구나."라고 하
였다.[47]

이렇게 죽각은 남명의 제자가 되어 남명과 학문에 대
해 깊은 토론을 하였는데, 자연히 남명의 다른 제자와의
교류도 빈번하였다고 하겠다. 다만 그 교류의 실상을 보
여주는 자료가 많이 남아 있지 않으나, 다행스럽게도「김
동강(金東岡)에게 줌」이라는 편지가 2편이 남아 있어 그가
남명의 제자로서 남명의 또 다른 제자이면서 손서인 동
강 김우옹(金宇顒)과의 관계를 살필 수 있는데, 그 가운데
한 편을 보기로 한다.

---

47) 최석기·강정화 역,『竹閣文集』「雜著」(술이, 2015), pp. 39~43.

우리 스승이신 남명 노선생께서는 오백년 해동의 운명을 받들어, 경전에서 전하지 않는 학문을 터득하셨습니다. 이를 계승하여 열어주는 것으로 자기의 소임으로 삼으시고 사문을 위해 창도하시니, 한 시대의 호걸스럽고 준걸한 선비 중에서 따르는 자들이 마치 구름 같았습니다. 선생께서는 이에 즐거운 마음으로 영재를 얻어 교육하시니, 마치 강물을 끌어다가 각자 그 양을 채워주는 것 같았습니다.

대형 같으신 분은 특히 총명하고 재주 있고 민첩한 선비로서, 노선생의 심법(心法), 입덕(立德), 입언(立言)을 체득하시고, 오직 경, 의 두 글자를 몸에 지니고 다니며 마음에 새기셨습니다. 길이 나아가는 공부가 이처럼 성실하고 돈독하였습니다. 선생께서 방울을 주시며 말씀하시기를, "이것은 내가 평소 마음을 혼몽하게 하지 않고 늘 깨어 있게 하던 물건이다."라고 하셨고, 또 말씀하시기를, "이 방울에게 죄를 얻지 않도록 하라."고 하셨습니다. 아마도 선생의 뜻에, 옛 사람이 옥을 차고 다니며 스스로 경계했던 뜻보다 더 절실한 것이 없었던 듯합니다. 의발을 전해 받은 책임이 이처럼 막중하니, 사문을 위해 깊이 축하할 일입니다.

광우 같은 사람은, 재주가 평소 민첩하지 못하고 공부 또한 정밀하지 못하여, 이미 고비(皐比)와 경해(警咳)의 만 분의 일도 받들지 못했습니다. 그러나 항상 어둔 밤 조용히 말없이 있을 때 정신과 기력이 혼미해지고 해이해지면, 문득 선생께서 방울 주실 때의 그 마음을 생각합니다. 마음에 그것을 새

기면 딸랑딸랑 소리가 들리는 듯하여, 이 마음이 곧바로 깨닫고 추스릅니다. 이 또한 정 속의 동이니, 스스로 경계하는 공부에 도움이 있을 것입니다.[48]

죽각 이광우는 위와 같이 남명을 스승으로 모시다가 남명이 지리산 유람을 떠나게 되자 함께 두류산에 올랐는데, 이 때 그는 「남명 선생을 모시고 두류산에 오름」이라는 시를 지은 것이 있다.

태산은 그보다 더 높은 산 없다지만,

泰山曾謂莫高山,

하늘에 오르기 어려움 잡을 것이 없네.

難上於天不可攀.

선생이 계심으로 해서 아래서 올라오니,

賴有先生升自下,

도리어 발밑으로 준엄한 모습 보이네.

還從脚底見屛顔.[49]

그리고 남명이 72세를 일기로 돌아가게 되자 이광우는 제문, 만사 등을 지어 스승의 죽음을 슬퍼하였다. 그는

---

48) 최석기·강정화 역, 『竹閣文集』「書」(술이, 2015), pp. 25~26.
49) 최석기·강정화 역, 『竹閣文集』「詩」(술이, 2015), p. 13.

선조 5년 임신(1572)4월 남명 선생 장례에서 다음과 같은
만사를 지었다.

부친께서 벗하신 동갑내기 벗은,

父師三甲契,

퇴로와 선생이셨네.

退老及先生.

도학은 천년의 선비였고,

道學千年士,

문장은 백세의 영웅이었네.

文章百世英.

산하가 정기를 거두고,

山河收正氣,

우주가 높은 이름을 숭상하네.

宇宙尙高名.

짐을 꾸려 돌아가려 하시니,

治任將歸路,

소자의 정 다하기 어렵구나.

難窮小子情. [50]

다음은 남명이 돌아갔을 때, 죽각 이광우가 지은 「남

50) 최석기·강정화 역, 『竹閣文集』「詩」(술이, 2015), p. 20.

명 선생께 제사하는 글」이다.

아! 하늘이 사문에 재앙을 내림이 어찌 이리도 혹독한가? 왕년에는 부사(父師)에게 곡하였고, 전년에는 퇴로(退老)에게 곡하였는데, 지금 우리 선생께서 어찌하여 또한 돌아가신단 말인가? 소미성(少微星)이 떨어졌으니, 처사는 이미 돌아가셨고 큰 집의 대들보가 꺾였으니 소자는 누구를 우러르리.

아! 선생은 천지의 순수하고 강건한 덕을 품부받았고, 하악(河嶽)의 맑고 깨끗한 정기를 모으셨네. 기상은 옛사람을 능가하고, 용기는 삼군의 장수를 빼앗을 만하였네. 쇠처럼 견고하고 옥처럼 윤이 났으며, 덕스런 품성이 저절로 이루어졌네. 가슴에는 운몽택(雲夢澤)의 풍부함을 지녔으나 자만하지 않았고, 사(詞)에는 보불(黼黻)의 화려함을 지녔으나 쉽게 드러내지 않으셨네. 이는 진실로 오늘날 어려운 바이니, 선생과 비슷한 사람을 족히 의논할 수 없다네. 그렇다면 선생은 살아서 불우하였는데, 떠나심이 어찌 이리도 빠르단 말인가? 도가 오랫동안 없어질 것이니, 누가 다시 진작시키리. 학문이 백세 동안 없어질 것이니, 누구로 하여금 가르치게 하리.

아! 나 소자는 일찍 가르침을 받아 외람되게도 모시고 따르는 대열에 끼어 거의 노둔한 정성을 바쳤네. 도를 앙망한 지 절반도 못되어 갑자기 돌아가셨네. 아득히 푸른 하늘이여!

어찌 차마 이리 한단 말입니까? —이하 결—51)

이처럼 죽각은 스승 남명이 돌아가자 심상 삼년을 극
진하였다 한다. 이렇게 남명에 대한 존모의 감정이 깊었
던 죽각은 죽림정사(竹林精舍)를 짓고 안빈낙도하며, 스승
의 가르침과 유학의 이치를 탐구하였다. 이 때 남명의 대
표적 제자인 덕계(德溪) 오건(吳健)이 와서 다음과 같은 시
를 지었다.

단성처사가 대나무로 집을 짓고,
丹丘處士竹爲閣,
세 벗과 쓸쓸히 한 길로 통하네.
三益簫簫一經通.
남명과 퇴계의 문하를 왕래하며,
山海隴雲來往地,
자기 몸을 스스로 편안히 하도다.
也能康濟自家躬. 52)

덕계는 죽각이 남명과 퇴계 두 문하를 모두 출입하며,
두 선생의 가르침을 받아서, 단성에 은거하여 지내면서
안빈낙도하는 모습을 시로 읊었다.

51) 최석기·강정화 역, 『竹閣文集』 「祭南冥先生之」(술이, pp.49~50).
52) 최석기, …… 「詠竹裏精字」(술이, p.186)

3. 청향당(淸香堂) 이원(李源)

이원은 조선 중기의 학자로 1501(연산군 7)에 태어나 1568(선조 1)에 68세를 일기로 세상을 마쳤다. 그의 자는 군호(君浩), 호가 청향당(淸香堂)이며, 본관은 합천이다. 어려서부터 유교경전을 읽으며 과거와 벼슬에는 뜻을 두지 아니하고 평생을 학문 연구에 바쳤다. 일찍이 조식(曹植)과 교유하여 뜻을 같이하였다.

이황(李滉)과도 도의(道義)의 교를 맺고 내왕하면서 유교경전에 관한 경의를 강질(講質 : 강의하고 질문함)하면서 성리학 연구에 전념하였다. 1546년(명종 1)에는 그의 학문이 고매하다 하여 나라에 천거되어 곤양훈도(昆陽訓導)를 제수받았으나, 끝내 사양하고 벼슬길에 나아가지 않은 채 세속과 인연을 끊고 은거생활을 하면서 학문 연구에만 몰두하였다.[53]

이원에 대한 생애자료로는 1860년경 후손 이항무(李恒茂) 등이 편집하여 간행한 『청향당실기(淸香堂實紀)』에 비교적 풍부하게 수록되어 있다. 「세계도(世系圖)」에 이어 『연보(年譜)』가 있으며, 이광우(李光友)가 지은 「언행록(言行錄)」이 있다. 그리고 소산(小山) 이광정(李光靖)이 쓴 「행장(行狀)」이 실려 있고, 이를 이어 경담(鏡潭) 이수정(李守貞)

---

53) 『한국민족문화대백과사전』, 한국학중앙연구원.

이 쓴 「묘갈명 병서(墓碣銘 幷序)」가 있고, 연암(燕巖) 박지
원(朴趾源)이 쓴 「묘지명 병서(墓誌銘 幷序)」가 있다. 이 가
운데 연암의 묘지명을 소개하면 다음과 같다.

옛날 퇴계와 남명 두 선생이 교남에서 학문을 일으키니, 이
지방 선비들이 쓰러지듯이 도로 향하면서 도산으로 가지 않
으면, 덕산으로 갔다. 이 때 곧 청향당 이선생 같은 분이 있
어 두 현인과 교유하면서 완급을 조절하고 절차탁마하여 덕
을 이웃하여 인을 도우니, 높은 산을 우러러보듯 하여 이택
(麗澤)을 기뻐하였다. 이에 두 현인의 문하에서 구의한 사람
들 또한 선생에게 번갈아 찾아와 질문하고 서로 추앙하면서
공경히 우러르지 않음이 없었다.

선생은 홍치(弘治) 신유년(1501) 모월 모일에 태어났다. 대개
두 현인과 동갑이다. 그러므로 남명은 처음 선생을 보고서
크게 기뻐하여 말씀하시기를, "이 사람은 나와 네 가지가 같
은 벗이다."라고 하였다. 퇴계 또한 일찍이 시를 보내 "세 사
람의 출생을 누가 알았으리? 갑년보다 3년 앞 유년에 태어날
줄을"이라고 하였다. 그 뜻이 같고 그 도가 합하여, 추숭해
화합하기를 정성껏하였음을 알 수 있다.

무릇 대현이 참으로 세상 같지 않은 세상에 태어났는데, 세
선생은 한 해에 태어났고, 지리적으로 수백여 리나 떨어져
있었지만, 같은 소리로 서로 응하고 같은 기로 서로 구하여
더불어 강마하여 성취시켜 준 것은, 모두 선성이 남기신 실

연암 박지원의 청항당 묘지명

마리와 진유(眞儒)의 정맥(正脈)이었다. 세상에 나아가면 임금의 일을 도울 수 있었고, 나아가지 않고 은거하면 후학에게 착한 일의 모범을 보일 수 있 수 있었으니, 이는 천지의 융성한 운이고 성왕의 큰 조화이다.

선생의 휘는 원(源)이고, 자는 군호(君浩)이며, 본적은 경주이다. 시조의 휘는 알평(謁平)으로 신라태조를 도와 개국공신에 봉해졌다. 후 개(開)라는 분은 고려 초에 강양군(江陽君)에 봉해졌다가, 뒤에 폄하되어 합천 호장이 되었다. 자손들이 그로 인하여 그곳에 살게 되었고, 비로소 합천으로 본관을 삼았다. 휘 경분(景芬)에 이르러 벼슬이 금자광록대부에 이르렀으니, 이 분이 선생의 10세조이다. 고조의 휘는 양근(壤根)으로 군수를 지냈다. 증조의 휘는 동재(東材)로, 문과에 급제하여 봉사를 지냈다. 조부의 휘는 계통(季通)으로 부호군을 지냈다.

부친의 휘는 승문(承文)으로 참봉을 지냈다. 외선조 강성군(江城君) 문익점(文益漸)의 묘산(墓山)과 비각(碑閣)을 지키기 위하여, 어머니를 모시고 단성현 배양리로 이주하였다. 어머니는 이씨로, 이석신(李碩臣)의 따님이다.

선생은 태어나면서 총명하고 영특하여, 겨우 『소학(小學)』을 배우고, 이미 어른의 자태가 있었다. 효우는 하늘로부터 품부받아 새벽부터 저녁까지 부모님 곁을 떠나지 않았고, 여러 동생들과 화목하고 사랑하였다. 글을 읽을 적에 의문이 있으면 반드시 난해한 점을 질문하여 환히 깨달은 후에야 그만두었다.

18세 때에는 여러 책을 두루 읽고 글을 잘 지어, 성대하게 문장과 공업(功業)으로 스스로를 기약하였다. 약관의 시절에 남명이 산사에서 책을 읽는다는 소문을 듣고, 가서 그와 함께 하였다. 하루는 남명이 허노재(許魯齋)의 "이윤(伊尹)의 뜻에 뜻을 두고, 안자(顏子)의 학문을 배우면 세상에 나아가서는 행함이 있고, 물러나 은거하면 지킴이 있을 것이다. 대장부는 마땅히 이와 같아야 한다."라고 한 것을 읽다가, 곧 책을 덮고 크게 한숨을 쉬었다.

이에 선생은 묵묵히 마음에 합치됨이 있었고, 고인의 위기지학의 요점을 자못 알았다. 자기가 종전에 지향했던 것이 옳지 않았음을 스스로 깨달았다. 이튿날 아침 마침내 서로 인사하고 돌아왔다. 이로부터 실질적인 학문에 마음을 하여, 더욱 굳건하고 독실하게 하였다.

이보다 앞서 의춘(宜春) 허씨의 집에서 퇴계를 만났다. 두려운 마음으로 서로 공경하였는데, 한 번 보고서는 마치 옛 친구처럼 즐거워하였다. 이미 밖으로 사모하는 것을 마음을 끊었으므로, 문을 닫고 글을 읽었다. 잠심해 생각하고 익혀 체험하는 여가에 문득 왕복하면서 토론하여, 정밀하고 절실하며 분변하고 박학하게 하였다. 말을 타고 가서 좇아 노닐기도 하고, 글을 보내 문답하기도 하였는데, 대개 그냥 지나치는 해가 없었다.

만년에는 거처하던 재실 앞에 연못을 파고 연꽃을 심은 뒤로 청향이라 대에 이름을 지었다.

병오년(1546)에 천거를 받아 곤양훈도(昆陽訓導)에 제수되었으나, 나아가지 않았다. 갑자년(1564)에는 특별히 전생서(典牲暑) 주부(主簿)에 제수되었으나, 또한 나아가지 않았다. 당시는 기묘년(1519)의 사화를 막 지내어서, 임하의 선비들은 여전히 걱정하고 꺼리는 뜻이 있었다. 그러므로 선생과 남명은 모두 영달하고 진출하려는 마음이 없었는데, 확고하여 그 뜻을 빼앗을 수 없었다.

기사년(1569)에 또 유일로 천거되어 함양훈도에 제수되었다. 퇴계의 답서에 "그대에게 함양훈도를 맡긴다는 소문을 들었으나, 어떤 사람이 추천했는지 모르겠습니다. 보내주신 편지에 제가 도모한 것으로 여기셨는데, 전한 사람의 잘못입니다."라고 하였다. 이는 대체로 그의 고상한 뜻을 애석하게 여긴 것이다.

이해 9월에 선생은 병이 심해지자 약을 올리지 못하게 하고 말씀하시기를, "죽고 사는 것은 떳떳한 이치이다. 내 다시 무슨 한이 있겠느냐? 퇴계와 남명 두 벗을 다시는 볼 수 없으니, 이것이 내 한이다."라고 하였다. 그리고 아들에게 명하여 남기는 훈계를 받아쓰도록 하고, 의례에 따라 상을 치르라고 신칙하였다. 손을 저어 부인을 가까이 오지 못하게 하고서, 16일 정침에서 돌아가셨다. 퇴계와 남명은 모두 실성하도록

통곡하고 애도하였다. 11월 모일에 현의 북쪽 신안의 갈로산
(葛蘆山) 부진(負震)의 언덕에 장사지냈다. 부인 의춘 이씨와
합장하였는데, 봉분을 따로 하였다.

아들 하나를 두었는데 이름은 광곤(光坤)이다. 가정의 가르침
을 잘 받았고, 남명의 문하에서 수업하였다. 두 손자는 용(鎔)
과 전(銓)인데, 용은 참봉을 지냈다. 증손 가운데 정남(廷男)은
용이 낳았고, 언장(彦章)은 전이 낳았다. 현손 이하는 다 기록
할 수 없다.

선생이 세상을 떠나신 뒤 여러 차례 병화를 겪어, 평소 저술
한 것이나 벗들과 왕복한 편지가 백 가운데 하나도 남아 있
지 않다. 따라서 선생이 진학한 차례와 도에 나아간 깊이에
대해 대략이나마 볼 수 있는 것이 아무 것도 없다. 하물며 과

문하고 우매한 후학으로서 수백 년 뒤에 거슬러 올라가 구하려 하지만 유운이 없어졌으니, 어디에서 덕을 살펴볼 수 있겠는가? 삼가 읍지를 살펴보니, "이 선생의 도덕과 언행은 한 시대에 크게 추앙을 받았다. 임갈천(林葛川), 이황강(李黃江), 신송계(申松溪) 및 남명 문하의 선비들과 모두 도의의 사귐을 맺었다."라고 하였다.

생각건대 선생의 덕업이 성취된 것은 또한 퇴계, 남명 두 선생일 뿐이다. 이에 근거하면 두 선생의 문집 징험할 수 있을 것이니, 또한 이른바 '훌륭한 선생을 만나 더욱 드러났다.'고 하는 것이 아니겠는가?

만력 정해년(1587)에 도내의 유학자 수우당(守愚堂) 최영경(崔永慶), 모촌(茅村) 이정(李瀞), 역양(嶧陽) 정유명(鄭惟明), 용호(龍湖) 박문영(朴文楧), 설학(雪壑) 이대기(李大期), 노파(蘆坡) 이흘(李屹), 월천(月川) 조목(趙穆), 후조당(後彫堂) 김부필(金富弼) 등 수백 인이 본 현의 유생들에게 글을 보내, 신안 구산곡(邱山谷)에 사우를 세웠다. 그리 여러 유생들이 제물을 진설해 놓고 선생을 향사하였다.

그러나 이 사우는 임진년(1592) 전쟁에 소실되었다. 숙종 29년 임오년(1702)에 여러 읍의 유생들이 우모를 그치지 않아, 함께 의논하여 도천서원에 합향하기로 하고, 선생의 조카 죽각선생 휘 광우를 배향하였다. 도천서원은 바로 강성군의 신주를 모신 곳이다.

지금 임금 11년 정미년(1787)에 교지를 내려 사액하여 강성

군을 추모하고 포상하였다. 이때 사론이 향리의 현인을 함께
제향하는 것은 예에 맞지 않다고 여겼다. 이에 배산의 유허
에 따로 원우를 세워 신안의 옛 제도를 회복하였다. 임자년
(1792)에 사묘의 낙성을 고하였다. 현의 관리가 향축을 받들
고 일을 행하자, 원근의 유생들이 모두 모여 예를 올렸다. 명
은 다음과 같다.

우뚝 속아 험준한 것,
그것이 멧부리임을 내 알고,
웅덩이에 고여 있는 것,
그것이 못임을 내 안다네.
우뚝한 저 두 어진이,
동, 남으로 떨어져 있었네.
지리적으로 세상과 함께 함이 저와 같았고,
도를 도모하는 바 또한 이와 같았네.
그러나 취성(聚星)의 수레는 오지 않았고,
아호(鵝湖)의 자리는 열리지 않았네.
어찌 마음이 맞지 않아서이겠는가마는,
후생은 더욱 의혹스럽기만 하네.
오직 우리의 선생만은,
양쪽을 드나들며 싫어함이 없었네.
아! 단성의 산은 푸르고,
단성의 물은 면면히 흐르는데,

선생이 남긴 글은 전하지 않고,

산천만 그대로 남아 있구나.

백 대의 이름난 그 자취,

없어져 버렸다고 말하지 말라,

두 현인의 글을 참조해 보면,

선생도 그와 비슷하였음을 알 수 있다네.[54]

4. 죽각(竹閣) 이광우(李光友)

죽각(竹閣) 이광우(李光友)는 조선 중기의 학자로 1529 (중종 24)에 태어나 1619(광해군 11)에 돌아갔다. 본관은 경주(慶州). 자는 화보(和甫), 호는 죽각(竹閣). 아버지는 참봉 이잠(李潛)이며, 어머니는 성주이씨(星州李氏)로 이계유(李繼裕)의 딸이다.

어려서 백부인 이원(李源)에게 『소학』을 배웠고, 22세 때 조식(趙植)의 문하에서 수학하였다. 이어 백부의 구사재(九思齋)에서 이천경(李天慶)과 함께 『성리대전(性理大全)』을 읽다가 백부의 명에 따라 이황(李滉)에게 이기론(理氣

---

54) 이 번역은 역자의 허락을 얻어 최석기, 강정화 역, 『淸香堂實紀』 (술이, 2015), pp. 73~79의 것을 참조하여 수정하였다. 이 글은 연암 박지원이 지었다고 되어 있으나, 현전하는 『연암집』에는 보이지 않는다.

論)을 질문하였다.

1592년(선조 25) 임진왜란 때 초토사(招討使) 김성일(金誠一)을 찾아가 용사인 전유룡(田有龍)을 추천하였다. 백부와 스승인 조식의 서원을 신안(新安)과 덕천(德川)에 각각 건립하였고, 1610년(광해군 2) 5현(賢)이 제향된 것을 계기로 이언적(李彦迪)·이황을 무함하고 배척한 정인홍(鄭仁弘)에게 글을 보내어 동문(同門) 입장에 꾸짖었다.

신안서원(新安書院)의 학규(學規)를 논정(論定)한데 이어 『남명학기(南冥學記)』를 고정(攷訂: 생각하여 정정함)하였으며, 1791년(정조 15) 백부와 함께 배산사(培山祠)에 배향되었다. 저서로는 『죽각문집』이 있다.[38]

이광우에 대한 생애자료는 1860년경 후손 이항무(李恒茂) 등이 편집하여 간행한 『죽각문집(竹閣文集)』에 수록된 「세계도(世系圖)」, 손자 이정석(李廷奭)이 쓴 『연보(年譜)』, 종현손 동형(東亨)이 쓴 「기사(記事)」, 「언행록(言行錄)」, 박래오(朴來吾)가 쓴 「행록(行錄)」, 소산(小山) 이광정(李光靖)의 「행장(行狀)」, 연암(燕巖) 박지원(朴趾源)의 「묘지명 병서(墓誌銘并序)」 등이 있다. 이 가운데 연암 박지원의 「묘지명 병서」는 다음과 같다.

선생의 휘는 광우(光友)이며, 자는 화보(和甫)이다. 선조는 경주 사람으로, 계보는 개국공신 알평(謁平)에서부터 나왔다. 휘 개(開)라는 분이 있었는데, 고려 때 강양군(江陽君)에 봉해

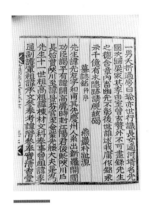

연암 박지원의 죽각 묘지명

졌다. 뒤에 폄하되어 합천호장이 되었는데, 이 때부터 합천을 본관으로 하였다. 휘 경분(景芬)에 이르러, 벼슬이 금자광록대부에 이르렀는데, 이 분이 선생의 11세조이다.

고조의 휘는 동재(棟材)로, 군과에 급제했고 봉사를 지냈다. 증조의 휘는 계통(季通)으로, 부호군을 지냈다. 조부의 휘는 승문(承文)으로, 참봉을 지냈다. 부친의 휘는 잠(潛)으로 참봉을 지냈는데, 청향당 선생 원(源)의 동생이다. 부친은 효우와 근후함으로 고을에 이름이 알려졌다. 어머니는 성산 이씨로, 가정(嘉靖) 8년 기축년(1529)에 단성의 배양리에서 선생을 낳았다.

선생은 어려서 역사서를 읽다가, 도간(陶侃)이 말하기를, "우 임금 같은 성인도 오히려 촌음을 아꼈는데, 일반 대중들에게 이르러서는 마땅히 분음을 아껴야 한다."라고 한 대목에 이르러, 문득 손을 모으고 두려워하며 경계하기를, "학문을 하는 부지런함은 마땅히 이와 같아야 한다."라고 하였다.

10세에 주부자(朱夫子)의 『소학(小學)』을 수학하여, 물 뿌리고 쓸며 곧바로 응답하는 것을 글로 쓰며, 이것에서 기필하고자 하였다. 백부 청향공이 기특하게 여겨 참봉공을 돌아보며 말씀하기를, "이 아이는 다른 때에 반드시 훌륭한 인물이 될 것이네."라고 하였다. 그리고는 『효경(孝經)』과 『예기(禮記)』를 주었다.

22세 때 남명 조선생의 문하에서 학업을 청하였다. 조선생이, 그의 타고난 자질이 순수하고 아름다우며 기우가 장엄하고, 아침 일찍부터 밤늦게까지 학문을 강하여 부지런히 게을리 하지 않는 것을 보고서 매우 사랑하고 중히 여겼다.

일찍이 『중용장구』의 '성경(誠敬)', '도의(道義)'의 설에 대해 질문하니, 선생이 매우 상세하게 대답하면서 자못 심오한 뜻을 들춰내었다. 그러자 조선생이 기뻐하며 말하기를, "처음에는 노둔하다 여겼는데, 정밀함이 이런 지경에 이른 줄은 생각지도 못했다."라고 하였다.

이로부터 덕천에 거처하며 20여년 동안 원근의 유사들로 남명의 문하에 이른 사람들, 덕계(德溪) 오건(吳健), 각재(覺齋) 하항(河沆), 동강(東岡) 김우옹(金宇顒), 한강(寒岡) 정구(鄭逑), 구암(龜巖) 이정(李楨), 옥계(玉溪) 노진(盧禛), 개암(介庵) 강익(姜翼), 수우당(守愚堂) 최영경(崔永慶)과 같은 사람들이 산천정사(山天精舍)에서 선후로 벼슬하였다. 서로 더불어 경전의 뜻가운데 어려운 것을 이야기하고 도의를 강마하였다.

그 사이 일찍이 백부를 따라 도산에서 퇴계 이선생을 배알하였다. 뒤에 몇 년 지나 다시 가서 사단칠정을 이기에 분속시킨 설을 들어 질의하였다. 또한 「천명도(天命圖)」를 가지고 음양오행의 생성되는 묘함과 인물이 통하고 막히는 구분에 대해, 번갈아 가며 질문하니, 이 선생은 이 때문에 마음을 기울여 해석해주었다. 그리고 마침내 평소 저술한 변설을 모두 꺼내 보여주었다.

이듬해 정묘년(1567)에 배산에 정사를 축조했다. 긴 대나무 수천 그루를 둘러서 울타리로 삼고, 엮어서 처마를 만들고, 베어서 연못을 파고, 끌어다 도랑을 만드니, 물이 졸졸 그 아래를 따라 흘렀다. 좌우에 도서와 사서를 두고, 그 가운데에서 모자를 젖혀 쓰고, 이리저리 거닐며 시를 읊조리며, 마침내 '죽각노인(竹閣老人)'이라 자호하였다. 대개 평소 마음 속에 출처의 뜻을 강하니 확고하여 뽑을 수 없는 것을 간직하고 있었다.

만력(萬曆) 임진년(1592)에 왜구가 침략하자 선생은 어머니를 모시고 덕산동에서 피난하였다. 초유사 김성일(金誠一)이 단성에 도착했다는 것을 들었다. 김공은 일찍이 도산(陶山)에서 수학하였는데, 선생은 좋은 벗으로 잘 지냈다. 부모가 늙고 몸은 병들어 종군할 수 없었으나, 마음은 강개하여 오랫동안 눈물을 흘렸다. 인하여 사위 전유룡(田有龍)을 천거하였는데, 용기와 지략이 담대함이 있어 기가 족히 한 부대를 담당할 만했다. 막부에 임명하여 함께 큰 일을 구제하길 바랐으나, 얼마 지나지 않아 곽재우(郭再祐) 장군이 군복을 입고 말을 달려와서 김공을 뵈니, 묻기를, "전유룡은 참으로 담대한 지략을 지녔는가? 과연 어떤 사람인가?"라고 하였다. 곽공이 말하기를, "이 사람은 담대한 지략이 남보다 뛰어날 뿐만 아니라, 또한 충의롭고 강개한 선비입니다. 이미 저의 군중에 있으면서 바야흐로 함께 의병을 불러 모으고 있습니다."라고 하였다. 김공이 크게 기뻐하며 즉시 소모관으로 임명하였다.

뒤에 선생이 어머니의 묘 아래서 여묘살이를 할 때, 전유룡이 와서 뵈었다. 선생이 손을 잡고 울면서 말하기를, "국운이 불행하여 왜구가 틈을 타 침략했네. 비록 초야의 한미한 선비일지라도, 의리상으로 마땅히 몸을 잊고 나라에 몸을 바쳐야 하네. 나는 자네가 담대하 지략이 있음을 알기 때문에 천거한 것이니, 자네는 힘껏 싸우게."라고 하였다. 그러자 전유룡이 절하고 말하기를, "옳으신 말씀입니다. 장인어른."이라고 하였다. 뒤에 곽장군을 따라 창녕의 화왕산성으로 들어가, 그를 도와 작전을 세우고 이긴 공이 많았다.

정유년(1597)에 또 달성으로 왜구를 피하였는데 낙재(樂齋) 서사원(徐思遠)이 있는 곳에서 나그네 신세를 졌다. 서공 또한 선생과는 동문의 벗이다. 서로 마주하여 노고를 이야기했고, 함께 경전의 뜻을 강론하고 토의하였는데, 비록 난리로 매우 어려운 형편이었지만, 혹시라도 그만둔 적이 없었다. 5년 동안 머물다가 비로소 고향으로 돌아왔다.

선생은 처사이다. 늙도록 깊이 숨어살면서 세상의 치란에 대해 듣지 않았다. 그러나 불행하게도 얼신(孽臣) 정인홍(鄭仁弘)이 남명의 문하에서 나와 광해군이 덕을 더럽히는 것을 틈타 권력을 훔쳐 멋대로 흉악한 일을 저질렀다. 선정신을 더럽히는 의논을 불러일으켜, 회재, 퇴계 두 선생을 모함하고 헐뜯으며 문묘종사를 저지하였다. 이에 선생이 분연히 말하기를, "이 일에는 끝내 침묵할 수 없다."라고 하고서, 편지를 보내 절실하게 꾸짖었는데 말의 기운이 준엄하였다. 흉악한 의논

죽각의 묘비

이 더욱 방자해져서 감히 모후를 금용의 변란에 처하게 하여 떳떳한 인륜이 땅에 떨어지자, 마침내 그를 통렬히 끊어버리고 다시는 왕복하지 않았다.

기미년(1619)에 선생이 병으로 누웠다. 아들과 조카에게 명하여 약을 올리지 못하게 하였다. 그리고 촛불을 잡고 있는 사람에게 말씀하기를, "옛날 노선생께서는 임종 때 문인들에게 의례로 상을 다스리도록 하였는데, 너희들은 그것을 알고 있느냐."라고 하니, "예"라고 대답하였다. 그런 뒤에 정침에서 돌아가셨으니, 실로 6월 23일이었다.

부음이 원근의 인사들에게 전해지자, 와서 곡하는 자가 1백여 명이었다. 장례 때 묘혈에까지 가서 곡하는 사람 또한 수백 명이었다. 이해 10월에 현의 북쪽 갈로산(葛蘆山) 묘좌(卯座)의 언덕에 장사지냈다. 부인은 함종 어씨로, 집의를 지낸 어영준(魚永濬)의 손자인 참봉 어응성(魚應星)의 따님이다. 처가는 높은 벼슬과 부귀로 세상에 드러났다. 친영하는 날, 수레, 말, 종, 황장품, 의대 등 매우 화려하였다. 선생이 말하기를, "우리 집은 대대로 청빈하여 검약으로 법도를 삼습니다. 어찌 이런 것으로 기뻐하겠소."라고 하였다. 부인이 그 말을 듣고 모두 물리쳐 보냈다. 그리고 부엌에 들어가 몸소 불을 때며 맛난 음식을 만들어 올리기를 게을리 하지 않았다.

처가 사람으로 요직에 있는 사람이 벼슬길에 나아가는 것을 일삼지 않음을 보고 천거하여 벼슬을 주려고 하였다. 그러자 선생이 힘껏 사양하여 말하기를, "장부가 몸을 세워 자신을 행하는 데에는 스스로 지키는 바가 있으니, 어찌 벼슬살이에 급급하겠습니까?"라고 하고, 끝내 허락하지 않았다.

성품이 지극히 효성스러워 봉양하는 데 오직 부지런하였다. 참봉공의 상을 당해서 애통해 하다가 몸을 상함이 지나쳐서 물도 삼키지 못하게 되었다. 어머니가 그 때문에 음식을 물리치고 그를 따라 했다. 그런 뒤에야 비로소 죽을 먹었고, 3년 뒤에야 비로소 밥을 먹었다.

두 동생과 눕거나 일어나서나 함께 했고, 추운지 배고픈 지를 물었다. 분가시킬 때에는 전답과 집안의 소장품을 모두 밀어 주었고, 자신은 하나도 갖지 않았다. 그리고 말하기를, "내 처가가 조금 넉넉하니, 집안 사람들의 호구지책(糊口之策)은 저절로 여유가 있네. 내가 두 동생에게 선업(先業)을 똑같이 나누어줌이 어떤가?"라고 하였다.

백부 청향당 선생의 상을 당하자, 매우 애통해 하며 슬피 부르짖어, 부모님의 상을 당했을 때와 다름이 없었다. 청향당 선생을 위해 예제(禮制)를 넘어 3년간 심상(心喪)을 입었다. 남명의 상을 당해서도 그와 같이 하였다. 어머님의 상을 당한 것은, 임진년 계사년의 전쟁이 한창이어서 마을은 쓸쓸하고 백성들은 굶주리고 있었으며, 선생 또한 연로하여 매우 쇠약

한 때였다. 그러나 빈소를 마련하고 장례를 치르는 것은 모두 옛 제도를 따랐고, 제수는 풍성하고 청결하게 하기를 힘썼다. 어려운 상황이라고 하여 그 예절을 줄이지 않았다. 3년동안 여묘살이를 하여 몸이 수척해져서 거의 죽을 지경에 이르렀다.

아들 한 명을 두었으나 일찍 죽어 중씨 광효(光孝)의 둘째 아들 유(瑜)로 뒤를 이었다. 딸 셋을 두었는데, 장녀는 하광국(河光國)에게 시집갔으니, 겸재(謙齋) 하홍도(河弘道)의 어머니이다. 둘째는 양우적(梁禹迹)에게 시집 갔고, 막내는 의사 전유룡의 부인이다. 증손과 현손이하는 많아서 다 기록하지 못한다.

지금 나에게 묘지명을 청한 사람은 곧 선생의 6대손 필무(必茂)이다. 처음 만력 정해년(1587)에 도내의 유생들이 의논하여, 신안의 구산곡에 청향당의 사우를 세웠는데, 선생이 실제로 그 일을 도왔다. 그러나 임진년(1592)의 전쟁에 불타 버렸다. 숙종 임오년(1702)에 도천서원에 합향하고, 선생을 추배하였다. 당저 임자년(1792)에 배산의 옛 터에 별도로 원루를 세워 신안의 옛 제도를 회복하고, 부자를 향사(享祀)하였다. 명은 다음과 같다.

학문은 성과 경이었고,
뜻은 곧 충과 의였다네.
도로써 이미 몸을 살찌우고,

처하여 뜻을 고상하게 하였네.

늙도록 초막에서 곤궁하게 살았는데,

뱀과 돼지가 나라를 삼켜 버렸네.

자룡처럼 온 몸에 담력을 지닌,

사위를 오래도록 길러 왔다네.

장수를 뵙고 용사를 천거할 적에,

강개한 눈물이 손에 가득하였네.

나라에 몸을 바치는 의,

또한 사적으로 힘쓴 일이었네.

불행하게도 스승의 문하에서,

귀신처럼 괴이한 일이 일어났도다.

정도가 저지되고 무함을 받아,

윤리와 강상이 침체되고 어두워졌네.

편지는 겨우 반 장의 종이였지만,

의리는 바르고 말은 엄정했도다.

이마에 땀이 나게 하기에 충분했건만,

그러나 나쁜 마음을 고치지 않았네.

입으로 책망하고 마음으로 끊어버려,

우리 산림을 편안케 했도다.

오직 이는 하나의 아름다운 일,

충의의 방법일 뿐이었네.

예컨대 그 전체적인 면모는,

도와 함께 모두 감추었네.

몸에 지니고 베풀지 않았으니,

공에게 무슨 해로움이 있었겠는가?

이기에 대한 설과,

성명에 대한 학문은,

미묘한 말도 전하지 않아,

풍류가 이미 아득해졌으니,

백세가 지난 뒤에는,

여기서 징험하길 바라네.[55]

---

55) 이 글은 역자의 허락을 얻어 최석기, 강정화 역, 『竹閣文集』(술이, 2015), pp. 150~159을 참조하여 수정하였다. 이 글은 연암 박지원 이 지었다고 되어 있으나, 현전하는 『연암집』에는 보이지 않는다.

Ⅵ

배산서당과 공자교운동

1. 공자교운동의 배경

청나라에서는 일본과의 전쟁에서 패한 뒤, 엘리트들을 중심으로 중국을 개혁하고자 하는 시도가 있었다. 그 가운데 한 사람인 강유위는 광서제를 받들고 1898년 무술변법을 일으켰다. 이것을 변법자강운동이라고도 하고 무술개혁이라고도 한다. 이 운동은 기존의 중국사회 전반의 낡은 제도를 바꾸어 서양의 여러 제도와 산업을 들여오고자 하는 혁신적인 것이었다. 그러나 그의 개혁운동은 보수파들의 반격을 받아 실패하고 말았다.

중국의 고위 관료 집단이 중심이 되어 일어난 청나라 말의 정치·사회 제도의 개혁운동(1898년)을 일컫는다. 청·일 전쟁(1894~1895)에서 중국이 패한 뒤, 서양 제국주의 열강들이

강유위 사진(TOPIC corbis)

중국에 끊임없이 특권을 요구하는 등 청조의 위기가 커지면
서 양무 운동에 대한 반성론이 대두되는 상황에서 캉 유웨이
와 량치차오를 중심으로 새로운 차원의 자강운동이 추진되
었다. 중국의 고전에 기반을 둔 낡은 과거 제도는 폐지되었
고, 새로운 체계를 갖춘 국립 초·중·고등학교 및 대학들이
설립되었으며, 서양의 산업·의학·과학·상업·특허 제도
가 추진·채택되었다. 또한 정부 행정의 쇄신, 법전의 개정,
군대의 혁신이 이루어졌으며 부정 부패는 공격을 받았다. 그
러나 서태후와 보수파의 반격과 개혁파의 분열 등으로 실패
하고 변법 정권은 100여 일 만에 붕괴되었다.[56]

56) 변법 자강 운동(變法自彊運動)(Basic 고교생을 위한 세계사 용어

무술 개혁이 이처럼 100일 천하로 실패한 뒤에 강유위는 해외로 망명하였다가 15년 뒤인 1913년에야 귀국하였다. 그는 귀국하자마자 유교를 개혁하여 공자교를 만들고자 하였다. 우선 그는 유교가 공자를 교조로 하는 공자교로 바꾸고자 하였다. 그는 공자가 유교의 창시자이므로, 공자를 교조로 하여 유교를 공자교라 하였다.

그가 이처럼 공자교를 세운 까닭은 유교의 근본적인 개혁을 위한 것이었다. 그는 유교를 유지하는 것이 국가를 보존하는 것으로 인식하였는데, 기존의 유교로는 이것이 불가능하므로 유교를 공자교로 혁신하여야 한다고 주장하였다.

공자교는 단순히 공자를 신격화하는 데에서 그치지 않고, 유교에서 행해지던 권위적이고 지배층을 위한 위계질서 등 봉건적 신분질서를 깨뜨리고, 하늘과 인간의 관계를 새로 정립하는 등 새로운 질서와 의식을 추구하였다.

그는 광서제(光緒帝)에게 올린 상소문에서 유교전통의 의례체계에 따라 지금까지 천에 대한 제사의례를 천자만이 독점해왔던 의례질서를 변혁하도록 요청하였다. 곧 강유위는 모든 사람에게 제천의례를 개방할 것을 제안하면서 모든 인민이 '하늘의 자녀'(천자)라 지적하고 실제의 천자(황제)는 모든 백

사전, 2002. 9. 25, (주)신원문화사).

성들의 큰 형이라 해석하였다. 그것은 하늘과 인간의 관계를 봉건적 신분질서로부터 평등한 대중사회의 질서로 의식의 전환을 요구하는 것이며, 모든 사람이 하늘에 대한 제사에 참여하는 유교의 종교적 인식을 재확인하는 것이다.[57]

여기에서 말한 내용 가운데 가장 핵심적인 것은 천자를 중심으로 하는 의례질서를 대신하여 백성과 하늘의 관계를 재설정하는 것이었다. 기존에는 천자만이 하늘의 아들이라 하였으나, 여기에서는 모든 인민들이 '하늘자의 자녀'(천자)라 하였던 것이다. 따라서 중국의 황제 즉 천자는 백성들의 큰 형이라 해석하였다.

강유위의 공자교운동은 그의 제자들에 의해 계승되었는데, 양계초와 진환장이 그 대표적 인물이다. 그런데 이 두 사람이 공자교를 받아들이는 입장은 서로 달랐다. 금장태 교수는 "강유위의 대표적 제자로서 양계초(梁啓超)와 진환장(陳煥章)의 역할은 대조적 성격을 보여 주고 있다."라고 하면서 양계초와 진환장의 서로 다른 역할을 설명하였다.

그는 양계초에 대해서는 "강유위의 공교사상을 확장시켜 이론적으로 정립하는 데 앞장 섰으나 1902년을 기점

---

57) 공교(孔敎)운동의 배경 (금장태, 한국유학의 탐구, 1999. 6. 10, 서울대학교출판부).

으로 그는 종교를 비과학적이고 미신에 빠지기 쉬우며
파벌적인데 유교는 비과학적인 것이 아니고 종파적이 아
니기 때문에 종교라고 할 수 없다 하여 '공교비종교론(孔
教非宗教論)'을 제시하면서 공교운동에서 벗어나는 입장의
전환을 하였다."58)라고 하였다. 이러한 설명에 근거하면
강유위의 공자교는 그의 대표적 제자인 양계초에 의해
이미 종교적 색채를 벗어남과 동시에 공자교의 본질에서
벗어났던 것을 볼 수 있다.

　이에 비해 진환장은 강유위의 공자교를 더욱 확산 발
전시키고자 노력하였다. 금장태 교수는 그의 이러한 점
에 대해 "1907년에 뉴욕에서 유학생 시절 '공교회'를 조
직하고, 1912년에는 상해에서 '공교회'를 재조직하여 강
유위를 회장으로 추대하였으며, 이후 북경에서 활동함으
로써 공교의 교단조직운동을 벌여 공교운동의 선두적 역
할을 하였다."59)라고 하였다. 공자교를 확산시키기 위한
공교회를 조직하는 등 교단조직운동을 벌였던 것이다.

　우리나라에서도 조선 말 유학이 제대로 역할을 하지
못하자, 이를 개혁하고자 하는 생각을 가지 사람들이 많
이 있었다. 이들은 유교 자체 안에서 예교의 확립 등 개

---

58) 공교(孔教)운동의 배경 (금장태, 한국유학의 탐구, 1999. 6. 10. 서
　울대학교출판부).
59) 공교(孔教)운동의 배경 (금장태, 한국유학의 탐구, 1999. 6. 10. 서
　울대학교출판부).

혁을 시도하기도 하였지만, 중국에서 일어나는 개혁운동에 관심을 가지고 이를 조선에 도입하고자 하는 시도도 있었다. 1909년에 박은식과 장지연을 중심으로 일어난 '대동교(大同敎)'를 그 예로 들 수 있다. 대동교는 강유위의 대동사상에 일정한 영향을 받은 것은 사실이지만, 강유위의 공교조직과 관련되고 있지 않고 자생적으로 일어난 것이다. '대동교'는 일반적으로 박은식에 의해 양명학의 이념에 기초하여 마련이 되었다고 알려져 있다.

강유위의 공자교운동의 직접적인 영향을 받아 이 당시의 유교부흥운동을 주도하고 실천한 사람이 바로 진암 이병헌과 이승희라고 할 수 있다. 그런데 이들은 서로 다른 지역과 사상을 배경으로 하여, 우리나라에서의 공자교운동은 크게 두 양상으로 나누어 볼 수 있다.

이승희가 주도한 공자교는 주로 해외 곧 중국에서 시도되었다. 이승희는 1913년 중국에 머물면서 진환장의 북경공교회와 연관을 맺고, 만주지역(길림성·요녕성·흑룡강성)의 한인 동포들을 대상으로 '동삼성한인공교회(東三省韓人孔敎會)'를 조직하였다. 이승희가 주도한 공자교는 '동삼성한인공교회'인데 이는 주로 이승희의 도학적 이념에 기초를 두었다고 평가되고 있다.

이병헌이 주도한 공자교는 이보다 조금 늦게 1923년에 국내에서 시도되었다. 이병헌은 중국으로 건너가 강유위를 직접 만나보고, 공자교의 종교조직으로서 경남

산청의 '배산학당(培山書堂)'을 일으켰다. 배산서당'을 일
으킨 이병헌은 강유위의 영향을 가장 직접적으로 수용하
여 공양학과 금문경학에 이론적 기반을 두고 있었다고
평가되고 있다.

이승희의 공자교운동의 실체라고 할 수 있는 '동삼성
한인공교회' 중국에서 교포들을 대상으로 벌어진 것이라
서 그리 큰 자취를 남기지 못하였으나, 이병헌의 공자교
운동은 배산서당을 중심으로 경남 일대의 유교사회에 큰
영향을 미쳤다.

이병헌(李炳憲: 1870~1940)은 조선 말기와 일제강점기의
유교개혁사상가로서, 경상남도 함양 출신이다. 본관은
합천(陜川)이고, 호는 진암(眞菴)·백운산인(白雲山人)이며,
면우(俛宇) 곽종석(郭鍾錫)의 문인이다.

이병헌은 본래 함양군 병곡면 송평리에서 1870년(고종
7년) 12월 18일 태어났다. 남명 조식, 퇴계 이황 등과 벗
으로 지낸 청향당 이원의 13세손이다. 그의 선대는 단성
의 배양마을에서 살았는데, 함양에서 태어나게 된 까닭
은 10세조인 이전(李銓)이 단성에서 함양으로 옮겨가서
함양에서 살았기 때문이었다.

이병헌은 어려서부터 가학으로 이어오는 유학을 공부
하였다. 따라서 당시의 여느 선비와 마찬가지로 유학의
기본 경전을 배우고, 시문을 익혔다. 9세 이후로 중국의
역사서와 시문을 주로 읽었다. 15세에 맹자, 19세에 주

역을 읽었고, 1889년인 20세까지도 당시의 선비들이 관습적으로 해오던대로 경서를 공부하고 과거를 위한 공령문(功令文)을 익혔다.

21세 때에는 부친을 모시고 왕세자의 생일을 기념하여 실시하는 과거에 응시하기 위하여 서울로 갔다가 관광도 하였고, 22세 때에는 자형 및 고향의 여러 친구들과 함께 다시 서울로 가서 관광하고 돌아왔다. 24세 때에는 면우(免宇) 곽종석(郭鍾錫)의 학문이 높다는 것을 안동으로 찾아갔으나, 만나지 못하고 돌아왔고, 27세 때에는 면우가 『한주집(寒州集)』을 교정하는 이로 거창의 원천에 와 있었으므로 가서 배알했다. 대계 이승희(李承熙)의 우거에 가서 밤새 토론하고 질문도 했다. 29세 때에는 서울에 갔다가 포천으로 가서 면암(勉庵) 최익현(崔益鉉)을 만나서 학문을 토론했다. 면우가 거창 다전으로 옮겨와 살았으므로 가서 뵈었고, 32세 때에는 면우가 남해 금산 유람을 할 때 노소학자 30여 명과 동행하여 참여하였다.

이렇게 시사가 변해가는 가운데에서도 전통적 유학자의 삶의 방식을 크게 벗어나지 못하였던 진암의 생애가 크게 바뀌게 된 것은 34세 때라 할 수 있다. 그는 34세 때인 1903년 마침 『중용』을 읽다가 유교를 보전하려는 마음이 있어 논술한 것이 있었다. 이것은 스승 면우에게도 인정을 받지 못하였으나, 그는 유교가 이러한 시대에 어떻게 잘 대응할 것인가에 대해 깊이 생각하였다. 그리

고 종래 유교의 '독선'하는 방식으로는 안신입명이 될 수
없다는 것을 깨달았다. 마침 청나라 『무술정변기』라는 책
을 팔기에 사서 읽어보고는 동아대국의 변천을 비로소
알았고, 또 강유위는 유자로서 세무에 달통했다는 것을
알았다. 이 때문에 유교가 수구배신을 자립의 방책으로
삼아서는 안 된다는 것을 알았다.[60]

이처럼 그는 1903년(고종 40) 서울에 올라와 시국의
변화에 접하면서 강유위의 변법설(變法說)과 세계정세에
관한 서적을 읽고 개화사상으로 전환하였다. 그는 중국
에 드나들기 시작하여 중국의 강유위를 5차례나(1914ㆍ
1916ㆍ1920ㆍ1923ㆍ1925) 찾아가 강유위로부터 직접 지
도를 받은 제자가 되었다. 1914년 중국에 건너가 강유위
를 처음 만났고, 이후 1925년까지 다섯 번을 방문하며
강유위의 지도와 영향 아래 공교사상가로 활동하였으며,
유교의 종교개혁운동으로서 공교운동을 전개하였다.
1926년 이후로는 공교사상의 경학적 기초를 정비하는
데 힘썼다.

34세 때인 1903년 서울에 올라가 시국의 변화에 접하
면서, 강유위(康有爲)의 변법(變法)과 세계 정세에 관한 서
적을 읽고 새로운 문명에 눈을 뜨게 된다. 당시 서울로

---

60) 許捲洙, 「眞庵 李炳憲의 生涯와 學問」(남명학연구소 발표자료집.
    p. 7).

올라온 진암은 남산에서 전차가 다니는 것을 눈으로 목격하고 시대의 변화를 실감하면서 대응할 방법을 고민하다가 마침내 서양문물에 관심을 가지게 되었으며, 이때 청나라에서 일어난 무술정변(戊戌政變)과 강유위의 변법사상을 접하게 된 것이다. 진암은 강유위의 사상에 경도되면서 공자교에 관심을 가지게 되었으며, 이때부터 이를 체계화하는데 일생을 바치게 된다.

2. 공자교운동과 배산서당의 건립

진암은 45세 때 1914년 처음으로 중국으로 건너가 북경에서 공교회(孔敎會)를 참관하고 홍콩에서 강유위를 처음 만났다. 진암을 처음 만난 강유위는 잃어버린 나라를 구하기 위해서는 유교의 종교화를 통해 민족의 정신을 하나로 묶는 일이 시급하다는 것을 강조했다. 진암은 강유위의 권유에 따라 유교의 사상적 재정립을 목표로하는 '유교 복원론'의 제시와 함께 한편으로는 종교화를 지향하는 공교운동을 전개하게 되는 것이다.

그의 공교사상은 1914년북경에서 저술한 「종교철학합일론(宗敎哲學合一論)」에서 싹트기 시작하였다. 여기에서는 서양은 철학과 종교가 진지(眞知)와 미신으로 구별되지만, 동양의 종교인 유교는 미신을 벗어남으로써 철학과 종교를 합일시킨다고 파악한다.

이병헌의 공교운동의 기본사상은 '대동(大同)' 사상과 춘추삼
세설(春秋三世說)이다. 그는 '입헌공화제'를 새로운 시대의 이
상으로 주장했으며, 유교적 성격을 미신이 아니라 '진지(眞
知)'를 위주로 하고, 자존망상에 빠진 것이 아니라 '예양(禮讓)'
을 위주로 하며, 배타주의가 아니라 '대동'을 위주로 한다는
입장에서 유교의 합리적이고 세계주의적이고 상호교류적인
입장을 제기하였다. 그는 서양에서 종교와 철학의 관계를 진
지와 미신으로 분리시키는 것이라 보고, 이에 비해 동양에서
는 내외의 차별이 없고, 천인이 결합하는 것으로 종교와 철
학이 일치하는 것으로 본다.61)

이병헌의 이러한 사상은 강유위의 유교개혁사상을 뒷
받침하는 새로운 경학체계는 '공양학' 내지 '금문경학'으
로부터 나왔다. '공양학'은 『춘추 공양전』의 '삼세설(三世
說)'에 따라 거란세(據亂世) → 승평세(升平世) → 태평세(太
平世)로 상향하는 역사발전론을 제시하는 것이며, 공양학
적 사유방법은 세계로 열어 가고 미래로 지향하는 새로
운 사회사상으로서 '대동(大同)'사상으로 통하고 있다. '大

---

61) 「이병헌(李炳憲)의 공교운동과 유교개혁사상」 (금장태, 『한국유
학의 탐구』, 1999. 6. 10, 서울대학교출판부).

同'사상은 『예기』(예운, 禮運)에 근거하여 '소강(小康)'으로부터 '대동'으로 나아가는 역사발전론으로 해석하는 것으로서, 미래의 이상사회를 지향한다는 점에서 유교전통의 복고적인 과거지향적 의식으로부터 구별되는 것이다.[62] 그의 이러한 사상은 배산서당 기문에도 잘 드러나 있다.

공자가 창교의 성인이 되어 그 세상을 움직이던 대강의 자취가 『춘추』에 있어서는 태평(太平)과 승평(昇平)과 거란(據亂)으로 삼세의 다름이 있고 예운에 있어서는 소강과 대동의 차이가 있다. 칠십제자와 후학에게 전하신 것은 금문의 육경이 있고, 육위(六緯)로 이것에 부응하게 했다.[63]

이병헌은 이처럼 중국의 강유위(康有爲)를 계승하여 금문경학 연구에 전력함으로써 우리나라에서 금문경학(今文經學)·공양학(公羊學)의 독보적 인물이 되었으며, 유교개혁사상가·공교운동지도자·금문경학자로 활동하였다. 이에 따라 그는 금문경학의 연구와 저술에 힘써 「공경대의고(孔經大義考)」(1924)·「시경부주삼가설고(詩經附注三家說考)」(1926)·「서경전주금문설고(書經傳注今文說考)」(1926)·

---

62) 「공교(孔敎)운동의 배경」(금장태, 『한국유학의 탐구』, 1999. 6. 10, 서울대학교출판부).
63) 『배양동(培養洞) 유래(由來)와 배산서당(培山書堂) 경기약사(經紀略史)』(李炳能 編, 2001), p. 115.

강유위가 쓴 배산서당 현판 액자

「예경금문설고(禮經今文說考)」(1927)·「역경금문설고(易經今文說考)」(1928) 등 금문경학의 체계적 주석을 남겼다.

유교개혁론으로서 그의 공교사상은 「유교복원론(儒敎復原論)」(1919)에서 체계화되었다. 또한 그의 공교운동은 강한 민족의식과 결합됨으로써 유교사상과 자주적인 민족사를 결합시켜 「역사교리착종담(歷史敎理錯綜談)」(1921)과 「오족당봉유교론(吾族當奉儒敎論)」(1921)을 저술하였다.

그는 공교가 보편성·현실성·진보성의 현대적 가치를 지니고 있음을 강조하고, 전통의 향교식(鄕校式) 유교가 아닌 교회식(敎會式) 유교의 건설을 주장하였다. 여기에서는 교당을 지어 공자를 섬기고 성경을 번역하여 천하에 배포하며, 교사(敎士)를 선정하여 천하에 경전을 강

설하게 한다는 등의 구체적인 포교방법까지도 제시하고
있다.

진암이 강유위의 권유에 따라 실질적인 공교운동을 전
개한 것은, 54세 때인 1923년 단성 배양에 배산서당에
공자상을 봉안하면서 부터였다고 할 수 있다. 당시 진암
은 유교복원을 위하여 배산서당에 문묘와 도동사, 강당
을 짓고 중국 곡부의 연성공부(衍聖公府)와 협의하여 그곳
에서 공자의 진영을 모셔와 문묘에 봉안하였고, 도동사
에는 청향당 이원, 퇴계 이황, 남명 조식, 죽각 이광우를
배양했다.

그가 그 실천으로서 산청군 단성면 배양마을에 배산서
당(培山書堂)을 지어 최초의 민립문묘(民立文廟)를 세우고,
중국 연성공부로부터 승인을 받은 한국공교회지부를 설치
하고 공교운동의 기지로 삼은 과정은 매우 힘든 것이었다.

그는 진환장이 이끌어 가는 북경 공교회와 공교회총본
부가 있던 곡부(曲阜)의 연성공부(衍聖公府)를 방문하여 승
인을 받아 '공교회 조선지부'의 교회로서 배산서당(培山書
堂)을 1923년 경남 산청 땅에 지었다.

이 때 배산서당을 짓는 일은 매우 험난한 역정을 거쳤
다. 우선 공자를 모시려 하니, 중국 곡부의 연성공부와
연계가 필요하였다. 이곳과는 연계는 공자 후손과 친분
이 있던 퇴계의 후손의 도움을 받았다. 퇴계 후손의 요
청을 받은 연성공부에서는 산청의 유회에 편지를 보내어

공자교 교회를 짓는 일을 인가하였다.

그리고 퇴계와 남명을 모시려고 하니, 도산서원과 퇴계의 후손, 덕천서원과 남명의 후손의 동의가 있어야 했다. 뿐만 아니라, 인근의 유림들을 설득하는 일도 필요했다. 그래서 인근의 서원과 유회에 그 정당성을 알리는 글을 발표하였다.

또 중국에서 공자교를 주창한 강유위와의 연계가 필요하였으므로, 강유위를 다섯 차례나 만나 공자교의 경전인 금문경을 받았고, 또 배산서당의 기문도 받아왔다. 이러한 일련의 과정에서 주고받은 편지가 『배양동(培養洞) 유래(由來)와 배산서당(培山書堂) 경기약사(經紀略史)』(李炳能 編, 2001)에 모두 수록되어 있다.

이렇게 해서는 그는 배산서당의 낙성식에 맞춰서 공자 탄생지인 곡부의 공자상을 모사해 와서 봉안식을 하면서 공교운동을 출범시키려고 하였으나 사소한 문제로 보수적인 지방의 유림들의 반대로 인해 성과를 거두지 못하고 말았다.

축제분위기가 성숙하는데 동래서원이 주동하는 전통 주자학파에서 "주자를 배제하는 문묘는 있을 수 없고 유교는 종교일 수 없다."는 성토소란(聲討搔亂)이 일어나 진암을 사문난적(斯文亂賊)으로 매도했다.[64]

결국 그의 정열적인 공교운동은 보수적인 유림들의 강

---

64) 『배양마을 유래와 배산서당』(배산서원 안내책자), p. 11.

경한 항의에 부딪혀 실패하고 말았으며, 진암의 이러한
노력들은 당시 유림들로부터 거센 비판을 받게 된다.
1923년 9월 19일 중국에서 가져온 공자상을 봉안하던
날, 당시 도내 유림들은 주자(朱子)가 빠진 문묘를 건립한
것과 자신의 선조인 청향당과 죽각을 도동사에 배향한
것 등을 이유로 성토를 당하기도 했다.

진암은 이처럼 어려운 가운데에서 공자교 사상의 경학
적 기초를 정비하는 데도 진력했다. 유교사상과 자주적
인 민족사를 결합시켜 '역사교리착종담(歷史敎理錯綜談)'과
'오족당봉유교론(吾族當奉儒敎論)' 등을 저술한 것을 비롯
해 '유교복원론 (儒敎復原論)'을 지어 공자교 사상의 체계
화에 힘을 기울였던 것이다.

또한 서양의 종교가 신개념이 명확한 반면에 유교에서
는 신개념이 결핍되었다는 지적에 대해, 『주역』의 '관괘
(觀卦)'에서 "성인이 신도(神道)로서 교를 베풀었다."는 말
에 근거하여 유교에서도 신도(神道)가 중심이 되고 있음
을 확인하여 유교의 종교성을 강조하고 있다. 또한 그는
유교와 타종교의 특성을 구분하면서 불교와 기독교는
'위에서부터 아래로 통달하는 것'(자상이달하, 自上而達下)이
라면, 유교는 '아래서 배워 위로 통달하는 것'(하학이상달,
下學而上達)으로 대비시키고 있다. 그것은 다른 종교가 초
월적 신 중심에서 현실의 문제로 나오는 것이라면 유교
는 현실의 일상성을 전면에 내세우더라도 초월적 세계를

확보하고 있는 것임을 확인하고 있다.

그는 유교의 체제에 대해서도 전통유교(구파, 舊派)는 '향교식 유교'이며 새로운 유교(신파, 新派)는 '교회식 유교'라고 구별하고 있다. 향교식의 권위적 제도가 아니라 교회식의 대중의 자발적 집회를 중시하는 의식을 보여 준다. '교회식 유교'라는 말 속에서 기독교적 영향을 많이 받고 있다는 사실을 엿볼 수 있다.[65]

이러한 이병헌의 공자교 운동의 갖는 평가와 의의에 대해 말하자면, 그는 국가적 권위로부터 독립된 유교의 종교적 교단을 수립하고 조직화하기를 추구하였던 유교개혁사상가로서 한국유교사에 독특한 자취를 남기고 있다. 또한 강유위의 금문경학을 우리나라에서 계승한 그의 업적은 한국경학사에 새로운 경학 영역을 열어 주었다는 중대한 의미를 지닌다.

3. 공자교운동과 배산서당 건립에 관한 자료

『배양동(培養洞) 유래(由來)와 배산서당(培山書堂) 경기약사(經紀略史)』(李炳能 編, 2001)에는 「배산서당기문(培山書堂

---

65) [네이버 지식백과] 이병헌(李炳憲)의 공교운동과 유교개혁사상
    (금장태, 한국유학의 탐구, 1999. 6. 10, 서울대학교출판부).

記文)」(康有爲), 「배산서원연기설(培山書院緣起說)」(朴殷植),
「배산서당상량문(培山書堂上樑文)」(權道容), 「문묘상량문(文
廟上樑文)」(李炳憲), 「도동사상량문(道東祠上樑文)」(李炳憲) 등
을 비롯하여 「사림통도산서원문(士林通陶山書院文)」「사림
통산천재문(士林通山天齋文)」「여궐리연성공서(與闕里衍聖公
書)」「치강공서(致康公書)」「강남해답배산유회서(康南海答培
山儒會書)」「통영중각서원급역외문(通嶺中各書院及域外文)」
등 40편의 시문이 수록되어 있다. 이 가운데 국내에서 내
왕된 것은 제외하고, 중국 궐리의 연성공부와 강유위와
주고받은 것 가운데 4편만 소개한다.

1) 궐리(闕里) 연성공(衍聖公)에게 주는 편지

이 글은 이충호(李忠鎬)가 이병헌을 위하여 궐리(闕里)
연성부(衍聖府)의 공자후손에게 주는 편지이다.

연정(燕庭) 상공(上公)은 보시옵소서. 충호(忠鎬)가 동한(東韓)에
생장하여 우리 선성(先聖) 부자(夫子)께 망극한 은혜를 받았으
므로, 제가 구구하게 드러내고 우러러보는 마음 또한 이 또
한 별다릅니다.
가만히 생각건대, 우리 선조 문순공(文純公:李滉)께서 동명(東
溟:조선)에서 도를 강론하며, 수사(洙泗)의 물결에 우러러 목욕
하셨습니다. 동영(東瀛:조선)의 선배들이 민중(閩中)의 고정(考

亭:朱子)에게 비교하였으니, 각하께서는 생각
컨대 또한 상해의 각 서국으로 인하여 동한
의 문화사를 참고했을 것입니다.(이에 대한 한
가지 참고서는 이미 비치하였으니, 마땅히 남해 강
공에게 부탁하여 성공부에 보낼 것입니다.)
근일 역내 진성군(珍城郡:경남 단성군)의 많은
선비들이 유교가 부진한 것을 개탄하고 세도
가 더욱 혼탁한 것을 근심하여 제사를 받들
것을 모의하였습니다. 이에 먼저 단성군의
배산에 서당을 건립하여 우리 선조(퇴계 이황)

배산서당 수계첩(이충호)

와 나이가 같은 벗 조남명과 이청향당을 배향하고자 합니다.
이에 슬퍼하며 탄식하여 말하기를, "저 예수와 부처의 무리
들은 교당을 세우며 반드시 교조를 높이니, 역내의 선현만을
존봉하는 것보다는 우리 대성조(공자)를 숭봉하여서 우리들의
성인을 사모하고 도를 보위하는 마음이 예수와 부처의 무리
들보다 훨씬 크다는 것을 보임이 낫지 않은가?"라고 하였다.
드디어 그 위에 땅을 개척하여 문묘를 세워서 선성(先聖:공자)
과 선사(先師) 양위를 봉향하고자 하지만, 동방에는 목패만
있고 진상이 없으니, 각하는 이같은 고충을 헤아려주시기를
엎드려 빕니다. 특별히 화공에게 명하여 단목자(端木子)가 새
긴 행교상(行敎像)이나, 혹시 이구산(尼丘山) 예정본(預頂本)을
그려서 두 이군으로 하여금 받들고 동방에 돌아오게 하여 주
시면 실로 바다 밖에 천재의 다행이고 가히 유문에서 보고

듣는 것이 용동할 것이니, 각하는 유의하소서. 나머지는 연정상공의 도가 편안하시기를 경축합니다.[66]

이충호는 이 글에서 유교가 불교나 기독교 등 다른 종교에 비해 부진한 점을 말하고, 이병헌이 유교의 개혁을 위해 공자교를 주창하여 문묘를 지은 공로를 칭양하고, 그가 연성부에 가면 공자의 진상을 모셔올 수 있도록 해 달라고 부탁했다.

2) 궐리(闕里)에서 회답한 편지

이 편지는 곡부(曲阜)의 연성공부(衍聖公府) 비서처(秘書處)에서 십오헌(十五軒: 아마도 이충호를 가리키는 것으로 보임)에게 진암 이병헌이 그곳을 방문하였을 때 조처한 내용을 알리는 편지이다.

경건하게 아뢸 것은 본월 12일에 이군(李君) 진암(眞庵)이 그 개제(介弟:큰동생)와 함께 발섭(跋涉)을 사양치 않고 폐저(弊邸)에 욕되게 오시고 아울러 도래한 편지 을건(乙件)을 거두었습니다. 마땅히 초대원 공경창(孔慶昌)을 파견하여 모시고 묘정

66) 『배양동(培養洞) 유래(由來)와 배산서당(培山書堂) 경기약사(經紀略史)』(李炳能編, 2001), pp. 53~54.

(廟庭)을 배알했어야 하는데, 계속해서 해당 초대원이 보고하기를 찾아온 뜻이 성상을 맞이하여 청하는 것이라고 하니, 성교를 존숭함을 족히 증명할 수 있어 깊이 감사합니다.

오직 폐저에서 대대로 지키고 공봉한 것은 다만 대성전 소상뿐이요, 보관되어 있는 본으로 세상에 행하는 것은 곧 당나라 오도자(吳道子)의 석각 행교상과 및 후세에 모각한 상입니다. 이것을 제외하고는 특별히 유상이 없으니, 만일 모상을 하려면 심히 어렵습니다. 또 전기 사진기로서 사진을 찍으려 해도 집이 크고 깊어서 손을 쓸 수 없습니다. 부득이 겨우 이 두 유상을 찾아서 이군으로 하여금 받들어 돌아가게 했습니다. 그러나 우리 무리가 글을 읽어 성교를 높이는 것이 성실한 마음에 있으니, 바탕이 소중하고 문채가 소중한 것은 아니므로, 얼굴과 자취만 강구할 것이 아닙니다. 선생은 활달한 사람이라 반드시 이 말을 들어보지 못한 말이라고 아니할 것입니다.

또 도산서원 통문과 연산(硯山) 도통사(道統祠) 변문(辨文)을 읽어보니 유교를 높이는 뜻이 다시 전일합니다. 사당의 명칭은 역대로 모두 문묘라고 전했으니, 만일 이것을 사당이라고 말하면 좁고 작아서 유교를 높이는 도리를 크게 잃어버리는 것입니다. 한나라 태사공이 『사기』를 저작하여 일렬로 세가를 만든 뒤로 연보라 일컫는 것은 듣지 못했으니 자연히 태사공으로써 법칙을 삼아야 합니다. 이학가들도 한나라로부터 지금까지 서로 계승한 사람이 많고, 우리 공족(孔族)은 선사 이

중국 곡부의 공묘(팬더투어)

외는 조선에 전한 것을 듣지 못했습니다.

안자는 유가의 일맥에 불과하니 어찌 능히 공자로 더불어 병

렬하겠습니까? 진실로 선생이 성교를 높이는 뜻과 정성에 어

긋난 것입니다. 경우에 따라 바른 일을 가리킨 것이니, 별다

르게 보지 마소서. 이것은 저들이 한 때에 잘못 살핀 것에 불

과하니 그 존성하는 마음이 독실한 것은 또한 가상합니다.

마음을 합하여 함께 우리 도를 붙들어서 이 액운을 지내면

매우 다행한 일입니다. 이에 십오헌 선생이 도가 있음을 칭

송합니다.

칠십칠대 연성공(衍聖公) 공덕성(孔德成) 돈수 (십육일)[67]

---

67) 『배양동(培養洞) 유래(由來)와 배산서당(培山書堂) 경기약사(經
    紀略史)』(李炳能編, 2001), pp. 56~57.

공덕성은 공자의 77대손으로 한국에도 여러 차례 오고 많이 알려진 분이다. 도선서원에도 방문하여 방문기념비가 지금도 있다. 이 글은 퇴계 후손인 십오십헌의 부탁을 받고 이병헌에게 조처한 내용인데, 유상을 마련하여 주는 것과 사당 이름을 정하여 주는 대목이 인상이 깊다. 이병헌이 곡부의 연성공부에 가서 공자의 유상을 요청하였으나 자신들이 대대로 받드는 것은 대성전 노성훈이라는 것과 당시 줄 수 있는 것은 후세에 모각한 것이라는 사실. 그리고 공자를 모시는 사당을 "祠"로 하고자 하니, 문묘로 하는 것이 옳다는 등의 뜻이 담겼다.

3) 강공(康公)에게 드리는 편지

이 편지는 배산서당(培山書堂)의 유회(儒會)에서 강유위(康有爲)에게 보낸 편지이다.

남해(南海) 선생은 조감하소서. 수년전에 배산서당을 창설하는 일로서 선생에게 우러러 구하여, 마음이 담긴 편액의 글씨와 평일에 저작한 세 가지 종류의 경설을 얻어서 존각에 봉안한 바 있습니다. 또 금문(今文)으로 된 진리의 서목을 얻어서 비로소 앞시대를 따르는 이천년 전통의 풍부(豐蔀)가 연고가 있음을 깨달았습니다. 삼가 이군(李君) 자명(子明)으로 하여금 금문경(今文經)을 공포할 수 있도록 해주실 것을 감히

배산서원의 공자유상

청하옵고, 이어서 저희 모임의 구구한 뜻을 진달합니다.

가만히 말하건대 이천년 동안 편안한 데에 거주하며 임금을 높여 오로지 다스리도록 한 관습은 결단코 지성선사(至聖先師)의 본래 뜻은 아닙니다. 그런데 세상 사람들 이것을 가지고 부지런히 선사에게 죄를 뒤집어씌우려고 하는 것은 지나친 것 아니겠습니까? 지금 명교(明敎:상대방의 뜻을 높이는 말)를 받들어 가히 어두운 길의 지남(指南)으로 삼을 수 있습니다. 그러나 동방 유도(儒道)의 요즈음 모습은 한갓 조상만 높일 줄만 알고 대의를 높이고 드러낼 줄 아는 사람은 거의 드뭅니다. 어찌 능히 종교의 대의를 안다고 하겠습니까?

지금 배산 유회를 창설할 적에 또한 이문(李門)의 친한 이와 가깝게 지내는 일로 인하여, 다만 나라를 빛냄이 있는 것만 생각하여, 어진 이를 숭상하는 마음을 담았습니다. 세계의 대세를 짐작하여 존교의 뜻을 드러내어 절차를 진행한다면, 변함없이 춘추 삼세의 궤적을 따르는 것과 같을 것입니다. 그래서 출입함에 말은 짧고 뜻은 길어서, 오로지 이군과 더불어 장구한 계책을 따라서 의론하여 편의한 방법을 내려주

십시오. 나머지는 다만 해천 만 리에 자애자중하시기를 앙축
합니다. [68]

이 글은 배산서당을 중심으로 활동하던 당시 유학자들
이 공자를 높여 공자교를 창설한 강유위에게 공자교 설
립에 관한 도움을 요청한 글이다.

이병헌은 이 편지를 들고 강유위를 찾아가서 한국 공
자교(孔子敎) 지회(支會)를 설립하는 일, 한국 공자교 지회
를 설립하는 일, 그리고 배산서당 기문을 받고 성경(聖經)
으로서 금문경(今文經)을 받아오는 일 등을 하였다.

4) 남해(南海)가 유회(儒會)에 답한 편지

이 편지는 1923년 9월 강유위(康有爲)가 자신에게 편지
를 보내온 배산서당 유회(儒會)에게 답장을 한 것이다.

이군(李君) 자명(子明)이 정월에 바다를 건너 상해에 왔는데,
마침 내가 북방에서 지냄에 일정한 거처가 없어 유월달이 되
어서야 청도(靑島)에서 보내주는 편지를 받들어보니 기쁘면
서도 느낌이 있었습니다. 느낌이 있는 것은 요즈음의 인심이

68) 『배양동(培養洞) 유래(由來)와 배산서당(培山書堂) 경기약사(經
紀略史)』(李炳能編, 2001), pp. 69~70.

변하고 잘못되어서 성인을 비난하고 유교를 공격하는 것 때문이고, 기뻐한 것은 여러분들이 독실하게 학문을 좋아하여 아직도 능히 성인을 높이고 유교를 보위하기 때문입니다.

대개 유흠(劉歆)이 성인의 경전을 두찬(杜撰)하여 어지럽힌 이래로 여러 유자들이 성인의 적통(嫡統)을 나누어 가지게 되었습니다. 이에 공자 삼대의 도가 밝지 아니하고 다만 거란(據亂)이라는 한 뜻만 남았을 따름입니다. 태평(太平)과 대동(大同)의 도는 어둡고 막혔으니 어찌 능히 천하를 둘러싸겠는가? 여러분들이 떨쳐 일어나서 진경(眞經:금문경)을 강구하여 밖으로 모욕을 막고 안으로 도를 넓힌다면 공자의 도가 이로 말미암아 거듭 빛날 것입니다. 비인(鄙人)이 기뻐서 잠을 이루지 못하며, 이미 이군(李君) 병헌(炳憲)으로 더불어 여러 날을 강론함으로써 동방에 돌아가서 두루 고하게 하였습니다.

저 서구 사람들은 벤탐(Jeremy Bentham)의 공리의 설과 헉슬리(Aldous Leonard Huxley)의 우등과 열등에 관한 천연론(天演論)에 빠져있습니다. 이에 독일의 전쟁으로 죽은 사람이 천만이나 되어 참화가 눈에 가득하니, 이에 구미의 학설은 만국을 구하기에 부족하다는 것을 알았습니다. 오로지 공자의 어질고 양보하는 설만이 족히 구할 수 있습니다. 그러므로 구미에서 크게 공자를 높이니 이것에서도 성인의 도가 이른 곳에서는 이른바 캄캄했던 것이 해가 빛나는 것을 볼 수 있습니다.

무릇 혈기가 있는 것은 높이고 친하게 여지 않음이 없으니

다. 그대들도 발분하여 공자교를 높이
고 믿으며, 힘쓰기를 바랍니다. 세력
에 겁내지 말고 이설(異說)에 마음을
바꾸지 않으며, 용맹하게 정진하여,
진실을 쌓아 힘이 오래된다면 절로 크
게 빛나는 하루가 있을 것입니다. 힘
써 덕을 밝히고 도를 위하여 몸을 사
랑하소서. 불선(不宣)하나이다.

계해 구월이십육일 강유위 백[69]

이병헌(민족문화대백과)

유회의 편지를 받고 세계의 변화에 맞춰 유교의 종교
화하는 개혁의 필요성과 이병헌과 이에 대해 논한 것을
알리는 내용이다.

---

69) 『배양동(培養洞) 유래(由來)와 배산서당(培山書堂) 경기약사(經
紀略史)』(李炳能編, 2001), pp. 74~76.

VII

현대적 계승과 발전

배산서원은 옛날 신안서원에서부터 시작된 선조를 추모하는 일에서부터 공자를 신으로 모시게 된 근대에 이르기까지 끊어질 듯 위기를 넘기며 유학을 넘어 유교를 드높이는 일을 현재까지 이어오고 있다. 그래서 진암이 추구하였던 공자교를 통한 유교 개혁론에 대해 지금도 그 의미를 되새기고 있음을 볼 수 있다.

진암은 비록 일부 주자학파로부터 사문난적으로 매도를 당했으나 선각적 사상가라 할 수 있다. 우리 유교의 본산 성균관과 유도회의 유교제도개혁위원회(유교제도개혁위원회)에서 1995년 12월 종헌제정안(宗憲制定案)을 의결, 통과시켰다. 그 내용은 "유교가 유학으로서가 아니고 이제부터는 종교로서 활동한다."는 내용을 천명한 바 있다.[67]

유교본산비 뒷면

　이처럼 진암이 주창하던 공자교의 본산으로서의 인식
뿐만 아니라, 이에 걸맞게 서원을 가꾸는 일에도 힘을 쓰
고 있음을 볼 수 있다. 최근까지도 배산서원의 동재, 서
재가 갖추어지지 못한 사정을 못내 견디지 못하고, 30여
년 전에는 서재를 완성하고, 최근 2015년에는 동재까지
완성하여 서원의 모습을 완비하였다. 뿐만 아니라, 현대
인들을 위하여 주차장을 확대하는 등 외적인 확장작업을
지속하였다.

　배산서원에서는 이같은 외적 확장에 그치지 아니하고,
진암 이병헌이 배산서당을 짓고 공자유상을 모셔올 당시

70) 『배양마을 유래와 배산서당』(배산서원 안내책자), p. 12.

인연을 맺었던 강유위와 연성부의 공자 후손 등과 지금
도 관계를 유지하는 등 인적 교류를 확대하고 있다. 배
산서당 창건 80주년과 청향당 탄신 500주년을 맞이하여
진행했던 일련의 일에 대해 이병능 선생은 다음과 같이
술회하였다.

배산서당은 창건 80주년을 맞으며 지난 신사년(2001)은 청향
당(淸香堂) 이원(李源) 선생 탄신 500주년 축제기념이기도 하
다. 행사를 기념하는 뜻에서 청향당 선생과 죽각 선생의 문
집을 번역하여 현실적으로 모두가 읽어 선생의 참뜻을 알 수
있도록 하는 자축연이 있었다.

배산서당을 빛내는 21세기 첫 신사년 가을에 환재 하유집 성
균관 부관장(하유집 성균관부관장)과 경상대학교 남명학연구소
장 허권수 박사와 같이 배산서당을 방문한 중국에서 오신 북
경 청화대학교 팽림 교수에게 나는 "우리가 그리워하는 남해
강유위 선생의 후손들의 소재를 알면 선대 사제교분을 계승
코자 한다"고 말했더니 팽림교수의 주선으로 강유위 선생 주
손 강보연 교수로부터 반가운 편지를 받고 지난 날 배산서당
창건편액을 휘호한 남해 강유위 선생과 진암과의 사제간 예
정을 다지는 뜻에서 우리 배산서당에서는 신사년 상달에 강
보연 선생을 초빙하는 편지를 보냈더니 회답에 임오년 봄에
방문하겠다 하므로 우리는 배산서당의 임오년 봄 3월 상해일
문묘도동사석향제례처헌관(文廟道東祠釋享祭禮初獻官)으로 강

보연(康保延) 교수를 천망하여 제전을 집행했다 그 역사적인
제전 오집사는 아래와 같다.

(1) 일시 : 임오(2002)년 3월 초1일(양4월 13일) 신해 묘시

초헌관 : 강보연(남해 강유위 선생 주손 전 대북 중국 문화대학 교수)

아헌관 : 조옥환(남명선생 후예 남명학 연구원이사장)

종헌관 : 이한규(청향당선생 후손 진암 이병헌 증손)

집례 : 성환철 전 교장 심원회 임원

대축 : 허권수 문학박사 경상대학교 남명학연구소장

(2) 임원선임

이날 제전행사 후는 배산서당 정기총회가 열렸다. 임원을 종
전에는 외임과 내임으로 하던 것을 당장과 당임을 두기로 하
고 당장은 강보연 선생으로 하고 당임은 허권수 박사를 천거
하여 만장일치로 결의하고 본인의 승낙을 얻어 결정했다.[71]

　배산서원의 발전을 위해서 강유위의 후손을 당장으로
하고 허권수 박사를 당임으로 결정하였다. 앞으로 배산
서원의 무궁한 발전을 기원해 본다.

---

71) 『배양마을 유래와 배산서당』(배산서원 안내책자), pp. 13~15.

VIII

맺음말

    이제까지 배산서원에 대해서 위치와 역사, 건물, 인물 등에 대해서 살펴보았다.

    현재의 건물은 1919년 이후 지어진 것이며, 이 건물을 지은 이병헌과 그가 추구하던 유교의 혁신에 따른 공자교 운동 등과 관련하여 주로 알려졌으므로, 이 서원은 역사가 매우 깊은 유서 깊은 서원이라는 사실을 아는 사람은 그리 많지 않다.

    이 서원은 비교적 이른 시기인 청향당 사후 19년인 1588년 신안의 청향당 묘소 근처에 세워졌다. 그러나 세운 지 겨우 4년만에 임진왜란이 일어나고 이 때 소실되어 버렸다. 그 중간에 서원이 있던 자리에는 삼우당 문익점을 모신 1612년 도천서원이 중건되었고, 1702년 삼우당의 외후손인 청향당과 죽각은 도천서원에 배향이 되었다.

하지만, 1787년 도천서원에 사액이 내려지면서 청향당과 죽각을 모시는 것은 옳지 않다는 의론이 일어 청향당과 죽각의 생가 있던 곳에 1788년 배산서원을 지었다. 그러나 배산서원은 또 얼마 지나지 않아 1868년 대원군의 서원철폐령으로 훼철을 당하게 되었던 것이다. 그러다가 1919년 이병헌이 공자교를 실현하기 위한 교회당으로 배산서당을 지었던 것이다.

우리는 이러한 역사를 보면서 크게 두 가지 점에서 감동을 받게 된다. 하나는 현조를 현양하는 일에 오랫동안 마음과 힘을 쏟아 오늘에까지 이르렀다는 것이며, 다른 하나는 그러한 정신을 확대하여 유교를 개혁하여 복원함은 물론 공자를 모셔옴으로 해서 성균관이나 향교에나 있던 문묘를 그곳에 세웠다는 일이다.

끝으로 이 책의 집필을 위해 배산서원을 방문했을 때, 뜨겁고 무더운 날씨에도 불구하고 나와서 맞이해 주신 문중 여러분께 사의를 표한다. 특히 청향당 생가터(배산서원 자리)와 청향당 죽각 두 분의 묘소까지 안내해주신 이종석 님께 감사드린다.

참고문헌

최석기·강정화 역, 『淸香堂實紀』(술이, 2015)

『배양마을 유래와 배산서당』(배산서원 안내책자)

『배양동(培養洞) 유래(由來)와 배산서당(培山書堂) 경기약사(經紀略
史)』(李炳能 編, 2001)

남명학연구소 2014년 춘계 발표자료집, 진암 이병헌의 학문과
사상, 2014년 4월

『한국근대(韓國近代)의 유교사상(儒敎思想)』(금장태, 서울대학교출판
부, 1990)

「이병헌(李炳憲)의 공교운동과 유교개혁사상」(금장태, 한국유학의
탐구, 1999. 6. 10, 서울대학교출판부)

「한국공자교(韓國孔子敎)에 관한 연구(硏究)」(김유택, 성균관대학교대
학원석사학위논문, 1984)

「진암이병헌(眞菴李炳憲)의 유교개혁사상(儒敎改革思想)과 공자교운
동(孔子敎運動)에 관한 연구(硏究)」(정규훈, 한국정신문화연구원
부속대학원석사학위논문, 1984)

許捲洙, 「眞庵 李炳憲의 生涯와 學問」(남명학연구소 발표자료집, p. 7)